実話怪奇録
北の闇から

服部義史

竹書房
怪談
文庫

※本書に登場する人物名は、様々な事情を考慮してすべて仮名にしてあります。また、作中に登場する体験者の記憶と体験当時の世相を鑑み、極力当時の様相を再現するよう心がけています。現代においては若干耳慣れない言葉・表記が登場する場合がありますが、これらは差別・侮蔑を意図する考えに基づくものではありません。

まえがき

御無沙汰しております。服部義史です。

こちらは前著『蝦夷忌譚《えぞきたん》 北怪導《ほっかいどう》』に続いての三冊目になります。

本の内容としてはＷｅｂ連載の分も含め、新たな書き下ろしも多数掲載されておりますので、連載時からの読者様も、新規の読者様も楽しめる内容になっていると思います。

中でも、とある家についてのお話には、画像も付いております。

ある程度のことは解明しているつもりですが、賢明な読者の皆様の中にはもっと深い部分まで見通している方がいるかもしれません。

それを色々な方と共有して頂けましたら、また新たな怪談の楽しみ方に繋がるのではないでしょうか？

是非是非、チャレンジしてみてください。

さて、今回の執筆時には、結構な量の原稿がフォルダごと吹っ飛ぶ事態が起こりました。

慌てて再執筆し、何とか入稿できたという次第です。

そんなある意味、曰く付きの本です。どうぞ御堪能あれ。

目次

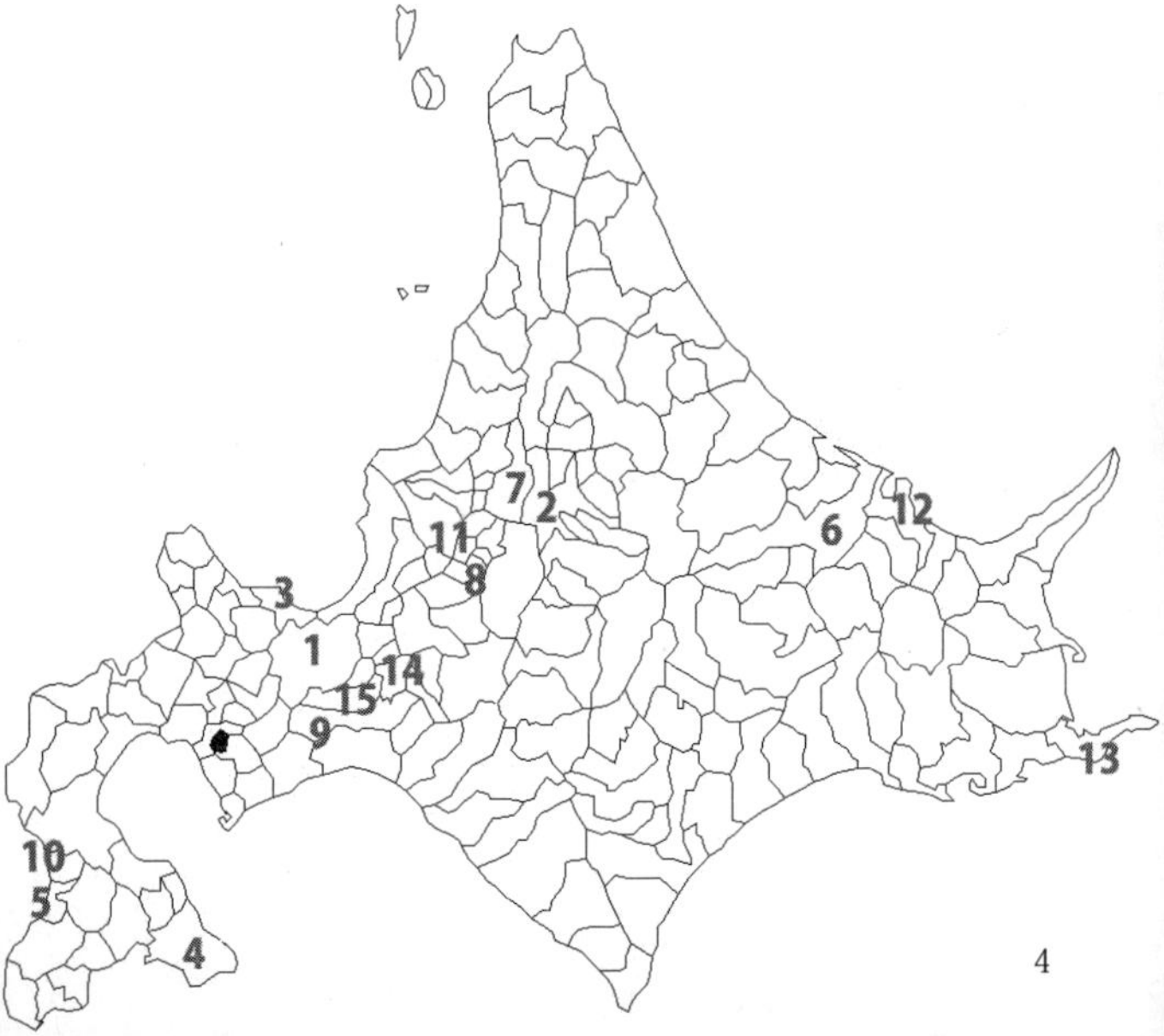

薄野《すすきの》の隙間

（札幌市中央区）


会社の先輩である樋口さんはお酒が大好きな人。

その一方、全然強くはないので毎回記憶がなくなり、一緒に飲み歩いた人達を日常的に困らせていた。

約十数年前のこと、木村君は会社の人と薄野へ足を運んだ。

一次会の居酒屋で、案の定、樋口さんは既に泥酔していた。

「樋口さん、もう帰ったほうがいいんじゃないすか？」

「なぁ～に言っれんろぉ～。こぉれからっす、次っす次ぃ～」

二次会はスナックにしようということになり、通りを皆で歩く。

「あ、ちっとしょんべん行っれきますわぁ～」

職場の先輩や同僚は面倒臭くなっていたので、後輩の木村君に全てを任せて先に店に向かってしまった。

「樋口さん、何処行くんすか？　コンビニはこっちですって」

「いいろぉ～、もう我慢できましぇんので、ここれいいっす」

そう言いながら、ビルとビルの隙間にスルスルと潜り込んでいく。

「ヤバイっす、人通りも多いから拙《まず》いっす」

木村君の声を無視するように用を足し始めた。

慌てて人目に付かないようにと立ち塞がる。

「樋口さん、早くしてください」

小声で呼び掛けるも、用を足している音は一向に収まらない。

(長いんだって、もう……)

木村君は苛つきながら待ち続ける。

既に三分以上は出し続けているようだ。

「もういい加減にしてください」

つい声を荒らげた瞬間、ぴたりと音が止んだ。

漸《ようや》く移動できると思ったが、樋口さんは一向に出てくる気配を見せない。

「樋口さん、樋口さん?」

ビルの隙間を覗き込むと、樋口さんは直立したまま動かない。

(寝てんじゃねぇのか?　この馬鹿……)

木村君は無理矢理に引き摺り出そうと試みた。

狭いスペースであることと、脱力している樋口さんを抱えて出ることは結構な労力を伴った。

それでも何とか通りまで出てくると、ちょうど通り掛かった女性がこちらを見て悲鳴を上げた。

何が起きているのか分からない木村君は動揺する。

「警察を呼んでーー!!」

誰かが発した言葉に、あっという間に野次馬ができる。

「お前がやったのか!?」

「人殺し！」

覚えのない言葉に樋口さんはうまく言葉が出せない。

「な、な、何だって言うんですか？」

衆人の視線の先を見ると、どうやら樋口さんの腹部を見ている。

木村君が確認すると、白いTシャツの右脇腹辺りから、赤い血の染みがずぶずぶと広がりつつあった。

「樋口さん！　どうしたんすか！　大丈夫すか！」

ちょうどそのタイミングで警察官が到着した。

木村君はその場から引き剥がされ尋問を受ける。

話の内容から、どうやら木村君を傷害の犯人と決めつけているように思えた。

「俺じゃないって！　樋口さんを殺す意味がないって！」

必死に訴えていると、樋口さんの意識確認をしている警察官が他の警察官を呼び、ぼそぼそと何かを話している。

「んぁ……」

そのタイミングで樋口さんが目を覚まし、色々と話し掛けられている。

木村君も呼び寄せられ、再度事情聴取された。

「まぁ、めっちゃ怒られましたよ。悪戯《いたずら》にしても悪質である、って……」

警察官が樋口さんのシャツをたくし上げてみると、身体には傷口どころか一滴の血糊すら付いてはいなかった。

当然、Tシャツに刃物が刺さったような穴も開いておらず、樋口さんは一切の怪我をしていなかった。

「樋口さんの話ですと、ションベンをしていたら脇腹に強烈な熱さと痛みを感じて訳が分かんなくなったらしいんです。で、目が覚めたら警官や野次馬に囲まれて、そして怒られたって……」

結局、その日は二人とも二次会には参加せずに帰宅した。

翌日、出社した木村君は、上司や先輩に事情を説明する。

完全に嘘だと思われ、「面倒臭かったんだろ」などと嫌味を言われる中、一人の上司だけが場所を聞いてきた。

「ふーん……」

暫《しばら》く考え込むような素振りをした後、ぽつりと呟く。

「確かな、もう数年前になるとは思うが……」

ヤクザ者が立ちションベンをしているときに、チンピラに刺された事件があったという。

そのヤクザ者が生きているのかどうかは分からないが、偶々《たまたま》通り掛かった上司は殺伐とした現場に居合わせてしまったという。

「これってやっぱ、そういうことなんですかねぇ」

木村君は同じ目に遭わないようにと、移動中に樋口さんがトイレに行きたいと言い出したときには、無理矢理にでもコンビニへ連れていくようにしている。

こだわりの逸品

（旭川市春光台）


旭川在住の田中さんの趣味は音楽鑑賞である。

休みの日になるとコーヒーを飲みながら、中古で買った自慢のアンティーク機器を使ってクラシックを聞くのが常であった。

ある日曜日の午前十時過ぎのこと、優雅な時間を堪能していると、『ブチッ、ブツ』というノイズが聞こえ始めた。

最初は我慢していたが、どうしても音楽への集中が途切れてしまう。

「しょうがないな……」

スピーカーやケーブルの接続箇所を確認しても、特に異常は見られない。

予備のケーブルと差し替えてみても、ノイズは収まることはなかった。

（デッキ本体か……）

結構な年代物であるので、不具合が出てもおかしくはない。

彼は内蔵のアンプ部分の故障だろうと決めつけた。

デッキを買った専門店に電話を掛け、現状と彼の推測を説明する。

「うーん、一度確認してみないと何とも言えないので、修理という形で持ち込んでもらえますか？」

店側としては当然の回答であった。

田中さんのデッキはそれなりの大きさも重量もある。

そんな代物を壊さないように気を付けながら、車に積み込んで運ぶということを考えるとそれだけで気が重くなった。

（とは言っても、やるしかないしなぁ……）

気合いを入れて作業に取り掛かる。

電源ケーブルや各種配線を外し、デッキやスピーカーをそれぞれ毛布で包んだ。

車に運び込もうとデッキを持ち上げた瞬間、スピーカーから大音量が聞こえる。

動揺した田中さんの手からデッキは滑り落ち、ガシャンと嫌な音を響かせた。

状況は一切理解できない。

しかし、スピーカーは音を出し続けている。

あり得ない、とは思いつつも、スピーカーに配線が付いているのかもしれない。

包んだ毛布を剥がしてみる。

――カサカサカサッ。

一瞬、蜘蛛《くも》か何かが這《は》い出てきたと思った。

だがそれは青白い右掌で、五十センチ程這うように移動した途端、その姿を消した。

暫くは呆然としていたが、時間の経過で漸く我に返る。

そのときにはスピーカーからの音は止んでいた。

(見間違い。間違いなく何かの見間違い。音だって鳴ってなかったかもしれない)

自らに強く言い聞かせるようにして、正気を保とうとした。

落ち着きを取り戻した後、機材をまた毛布に包んで車に積み込んだ。

目的の店まで車を走らせる。

もう少しで着くと思った瞬間、後部座席からまた大音量のクラシックが流れ出した。

バックミラーで確認するのも恐ろしく、自然とアクセルを踏み込む力が増した。

店に着いた途端、何故か音楽は鳴り止んだ。

既に自分で車から降ろすことも怖くなっていた田中さんは店に飛び込み、店員に全部降ろしてもらった。

「じゃあ、確認してみますか」

店員が毛布を剥がそうとすると、田中さんはそれを制する。

「いいから、後で！　僕が帰った後で、じっくり修理してくれればいいから！」

修理依頼の伝票に必要事項を書き込み、逃げるようにその場を後にした。

「は、はぁ……」


帰宅後、お店から電話が入る。

「いやぁ、中が結構壊れていまして、部品の発注をしなければならないんですが、年代物なのでもう手に入らない可能性もあるんですよ……」

「じゃあ、処分してください」

「え……いや、とりあえず部品があるかを確認して、それから見積もりを作って……」

「いや、もういいので、処分してください」

「えーとですね、処分するのにもお金が掛かりまして……」

「払いますから処分してください。処分し終わったら、お金を払いに行きますので」

田中さんの言動を店員は訝しんでいたようだが、とにかく処分で押し切った。


現在、田中さんは安く小さなデッキを使って、音楽鑑賞を続けている。

あれから異変は起きてはいないが、何かあったときに簡単に捨てられる物が一番だというのが理由らしい。

アルバムを開いて

（小樽市長橋）


ある休日のこと、新田さんはアルバムを開いていた。

幼少期からの物を独り暮らしを始める際に実家から持ってきていたのだが、大人になってからの写真はスマホなどで事が足りていた。

これ以上は写真が増えることもないだろうと、整理を始めたのである。

ページを捲るたびに、記憶が呼び起こされ手が止まる。

（あー、こんな玩具もあったよね）

（お父さん、めっちゃ若いー）

大切な想い出を確認する作業は、ひと時の癒しを与えてくれていた。

あるページを捲った途端、彼女の思考は止まる。

（あれ？　これ、うち？）

ある一枚の写真に違和感を覚える。

和室の仏壇の前で座っている新田さんの姿が写っている。

恐らく幼稚園の頃だと思われるが、笑顔でこちらを向いていた。

違和感があったのは仏壇で、彼女の記憶にあるものとはどうにも違う。

背景として少しだけ見えている和室は実家のもので間違いがないが、そこに存在感を増したように写っている漆黒の仏壇だけはどうしても受け入れることができなかった。

(もしかしたら、途中で仏壇を買い替えたのかなぁ?)

そう思うことで、次のページへ進んだ。

途中途中で配置を入れ替えたり、自分が可愛く写っていない物はアルバムから抜いていく。

一通りの作業が終わったときには、既に夕方になっていた。

アルバムを仕舞い、彼女は夕食の買い出しに出掛けた。

帰宅後、夕食を作ってテレビを見ながら食べていた。

そのときに母親から電話が入った。

いつものように他愛もない話に花が咲く。

一時間も話し続けて、話のネタも尽き始めた頃のこと。

「あ、そういえば、うちって仏壇買い替えたんだっけ?」

突然の何の脈絡もない話に、母親は困惑する。

新田さんはアルバムの整理をしていて、見覚えのない仏壇が写っていたことを説明した。

「ちょっと意味が分からないんだけど、うちの仏壇はずーっと同じよ。お母さんが嫁いできたときにはあった物だから、ずーっと同じ物」

「えっ、でも……」

母親にはっきり断言されてしまうと、自分の記憶違いのような気もしてきた。もしかしたら写真写りが悪く、違うものに見えただけかもしれない。

「じゃあ、仕事頑張ってね」

そうして電話は切られた。


翌日の七時過ぎ、実家からの電話が鳴った。

出勤の準備をしていた新田さんは化粧を片手に電話に出る。

「あ、お父さん。どうしたのこんな早くに……」

「いいか……よーく落ち着いて聞きなさい。で、落ち着いて帰ってきなさい」

どうにも涙ぐんだような声の父親は、よく分からないことを言っている。

言いあぐねているようで、酷く遠回りな話し方であったが、核心に触れた瞬間、新田さんは固まる。

「母さんが、死んだんだ……」

昨夜遅く、トイレに起きようとした父親は、横で寝ている筈の母親がいないことに気付いた。

(母さんもトイレか)

トイレに向かったところ、ドアの前で倒れている母親を見つけた。

慌てて救急車を呼んだが、既に事切れていたという。

すぐに新田さんに連絡をすることも考えたが、何分にも深夜である。

駆け付ける新田さんに万が一のことが起きないようにと、朝を待っての電話であった。


「それから数年経ってからですかねぇ」

母親の死から落ち着きを取り戻し、漸くアルバムを開けるようになった。

若い母親が笑顔で自分と映っている。

ポロポロと涙を零しながら、ページを捲り続ける。

ところがあるページで手が止まった。

彼女の目に飛び込んできたのは、記憶にない一枚である。

例の〈仏壇の前で取られた写真〉であるが、座っている彼女の横には笑顔の母親が写っていた。

そして漆黒の仏壇は、実家の仏壇に変わっていた。

「もしかしたら、あのとき見た写真が、何かの知らせだったのかもしれないですよね。それが分かっていれば、電話で話もしていたんですから……」

新田さんは、自分に何かできたのかもしれない、という後悔のようなものを抱えている。

例の写真も〈曰く付きの物なのかもしれない〉とは思いつつも、捨てられないでいる。

その理由は、母親の満面の笑顔に愛情を感じるからだという。

伝えたい

（札幌市白石区）


巨漢の中村さんはインスタントラーメンが大好物。

ほぼ毎日、最低一食は食べているというのだから相当のものである。

彼の作り方は至ってシンプルなものであるが、終盤で卵を落として半熟状態のものに齧《かじ》り付くのが好きだった。


ある日曜日のこと、お昼ご飯としてラーメンを作っていた。

いつものようにドンブリなどは用意せずに、熱々のラーメンを片手鍋から直接食べ始める。

（やっぱ美味いなぁ）

どんどん食べ進め、口直しのつもりで卵に箸を伸ばす。

そーっと摘まみ上げ口に運ぶのだが、そのとき、ぷるんと弾けるように崩れてしまった。

白身を隠すように一気に黄身が流れ出す。

（あー、ほぼ生じゃん。失敗したなぁ……）

まだ鍋には余熱があるので、ぐじゃぐじゃとかき混ぜて黄身を固めようとする。

（んっ？）

箸で混ぜ続けるが、何故か一向に黄身は固まってはくれない。

それどころか、黄身の海は広がり続け、スープの部分を覆いつくそうとしていた。

とても一個の卵の黄身の量とは思えなかった。

動揺しながらも箸で混ぜ続けていると、ぷかっと何かが浮かんできた。

それを箸で摘まみ上げてみる。

所々黄身が付いてはいるが、明らかに半分に折ったお線香であった。

（え？　意味が分かんないんですけど？）

状況を理解することはできないが、残り半分のお線香も、鍋の中に沈んでいる可能性がある。

冗談じゃない、と思いながら箸で探そうとした。

ぐじゃぐじゃと箸を混ぜ続けていると、何か固い物に触れた感覚があった。

箸でそーっと摘まみ上げると、黄身に塗れた蝋燭《ろうそく》であった。

「はいーー？」

思わず素っ頓狂な声を上げてしまった。

その直後、彼の脳裏に答えのようなものが浮かぶ。

――あっ、今日は母さんの命日だ。

すぐさま彼は仏壇に向かって、蝋燭とお線香を上げて手を合わせた。

「今でも意味が分かんないんです。何でラーメンからあんな物が出てきた、ってのもそうですが、それで命日を思い出したってことも……」

その日は中村さんの母親の九回忌だった。

生前の母親はインスタントラーメンばかり食べたがる彼のことを、快くは思っていなかったらしい。

この件で少しは懲りたのかと思ったが、中村さんの食生活に大きな変化はないという。

唯一変わったことといえば、卵を落とすのを止め、適当な野菜を加えるようになったことぐらいだ。

「また、あんな物が出てきたら困るので……」

中村さんはそう理由付けるが、私はそれを聞き、少し温かい気持ちになった。

眼鏡

（札幌市厚別区）

ここ一年程、財津さんは困っていることがあった。
朝、目が覚めると、枕元に置いてあった筈の眼鏡がないのである。
何処に置いておいたのかと暫く探すと、毎回、違う場所で見つかる。
それはキッチンだったり、酷いときは風呂場で見つかったりもした。
もしかしたら、自分は夢遊病の可能性があるのかもしれない。
そうは思っていても病院を受診する暇もない。
その為、毎朝少し早く起きて眼鏡を探す時間までを考慮する生活が続いていた。

ある日の夜中、財津さんはふと目が覚めた。
時計を確認しようとするが、やはり眼鏡がない。
何とか目を凝らして見ると、午前三時を回っているようだった。
いつもは一度眠ったら朝まで起きることなどない彼だが、すっきり目覚めた。
眠気は一切ないものの、こんな時間に起きてもやることが見つからない。

何とか寝直そうと試みるも、どうしても寝付けそうになかった。

一度気持ちをリセットするため、キッチンへ向かい水を飲もうとした。

照明のスイッチに手を伸ばそうとすると、視界の先に人影のような物がうっすら見える。

（泥棒か？）

身構え、照明を点けるのと同時に彼は叫んだ。

「誰だッ！　動くな！」

明かりに照らされた人を見たとき、財津さんの思考は停止する。

弱い視力で見ているとはいえ、見間違う筈もない。

うろついていた人は、もう一人の彼そのものであった。

何かの作業をしているかのようで、手を動かし続けている。

キッチンという場所から考えるに、食事の支度のようだ。ただ、キッチン用品などには触れないようで、まるでエア調理をしているようにしか見えなかった。

財津さんのことを放置して動き続けていることから、こちらの様子は見えていないようにも思える。

とりあえずは様子見を兼ねて、少し離れた場所から、もう一人の自分を観察し続けた。

（色もあるし、立体的だよな。幽霊、というのとは違うのか。そもそも俺は生きているん

だから、それはないか)
俄然興味が湧いてきて、細部まで自分を見つめていた。
(あっ、そういえば眼鏡も掛けているじゃん。眼鏡まで含んで俺ってことか)
そんなくだらないことまで考える自分に笑えてきた。
そのとき、もう一人の自分が眼鏡を外すと、キッチン横のレンジの上にそっと置いた。
眼鏡を外した自分は、どんどん色を失っていき、やがて煙のように消えてしまった。
財津さんの意識も薄れていき、その場に倒れ込んでしまう。

目が覚めると朝になっていた。

やはり昨夜消えていた眼鏡は、レンジの上で見つかった。


「どうして眼鏡が移動するのか、という理由は分かったような気がします。ただ、探す手間は相変わらず必要なので、そこが困るところですよね」

財津さんは眼鏡を新調することも考えた。

ただそれをすることによって、想像できない弊害が起きる可能性もある。

それ故、未だに決断できていないという。

靴

（札幌市豊平区）


飲食店で働いている原田さんは、出勤前に違和感を覚えた。

いつも履いているスニーカーが、何処か違う物に思えたのである。

グレーを基調にしたとあるメーカーの物なのだが、手に取りまじまじと見ても何が違うのかが分からない。

元々、大雑把な性格である為、細かいデザインなどまでは記憶してはいなかった。

（勘違いか……）

気を取り直し、靴を履く。

その瞬間、ゾクリとした寒気が彼の背筋を伝う。

反射的に背後を振り返るが、異変は見当たらない。

「何やってんだ、俺」

原田さんは自家用車に乗り込み、職場へと向かった。

国道を走るが、その日はやたらと赤信号に捕まった。

余裕を持って出掛けている為、遅刻の心配はないが、多少の苛つきを覚える。

「何だよ、これ」

ぽつりと独り言を漏らしたとき、背後からスキール音が響く。

その直後、衝撃とともに原田さんの身体はハンドルに叩きつけられた。

「いってぇ……」

何が起きたのかは瞬時に理解できた。

ルームミラーを確認すると、衝突してきた車の運転手は固まったように動こうとはしない。

ハザードランプを点滅させて、車から降りる。

「女かよ」

相手を確認し、車に近付くが、年配の女性はハンドルを握りしめたままフリーズしていた。

原田さんは運転席側の窓を叩き、声を掛ける。

「ちょっと、おばちゃん。一回降りて頂戴よ」

その声で我に返ったように女性は、慌てて車から降りてきた。

「あ、あの、すみません。ごめんなさい」

必死に謝ってくることから、原田さんの怒りは徐々に静まりつつあった。

愛車の後部を確認すると、トランクまでひしゃげ、そのまま走行するのは困難に思えた。

「ちょっと職場に連絡しないといけないから、アンタのほうで警察を呼んでよ」

遠巻きに野次馬も集まりつつあり、気恥ずかしい思いをしながら職場に電話を掛ける。

事情を説明すると、上司からは念の為に病院へ行くことを勧められた。

(面倒臭いなぁ)

首の付近が多少痛いような気もするが、車が使えない以上、移動がとても面倒に思えた。

(ついてねぇわ)

警察が到着するまでの間、彼は車の中で待つことにした。


少しするとパトカーの姿が見えた。

警察官に促されるまま、事情聴取が始まる。

「特に怪我とか具合の悪いことはない?」

「あー、ちょっと首が痛い位で問題はないです」

「じゃあ、どんな風に事故が起きたのか、説明してくれる?」

車の脇に立ち、状況を説明していると、突然、警察官が声を荒らげた。

「き、君、怪我をしているじゃないか!」

警察官の視線の先にある足元を見ると、右のスニーカーが真っ赤に染まっていた。

靴で吸収しきれなかった血は、アスファルトに染みを作り始めていた。

(え？　マジで？)

特に痛みがある訳ではないが、原田さんはパニックを起こす。

程なく手配された救急車に乗り、病院へと搬送された。


「で、これが意味が分かんないんです」

搬送される途中で救急隊員により、彼の靴は脱がされ、出血の場所が調べられた。

ところが何処にもそれらしい場所は見つからなかった。

そうこうしているうちに病院へ到着し、検査は病院側へ委ねられた。


「病院での診断は頸椎《けいつい》捻挫だけでした」

問題のあった筈の足元からの出血はなかったと判断されたのだ。

原因不明の何かが、血のように見えたのだろう。

そう結論付けられた。

「あー、ほら、この話をすると調子悪くなるんですよ」

あの事故を思い出すようなことをすると、右足首に重苦しいような痛みが走るという。

原田さんは目の前で足首をグリグリと回すような仕草を見せる。

ズボンの裾とローソックスの間で露わになった足首には、三センチ程の蚯蚓《みみず》腫れが浮かび上がっていた。

その傷跡は赤々としていて非常に痛そうに見えたので、つい聞いてしまう。

「大丈夫なんですか？　その傷？」

「あー、すぐ消えると思うから。いつもそうだから」

そんなやりとりをしているうちに、確かにその傷は跡形もなく消えてしまった。

「どういう意味があるんだと思う？」

そう話す原田さんの目は真剣で、何かの回答を期待しているようにも思えた。

猫とコーラ

（函館市昭和）


初夏のある日、田辺さんは缶コーラを飲みながら通りを歩いていた。

何気に視線を送った道路を猫が横断している。

その直後、猛スピードで走ってきた車に、その猫は跳ねられてしまった。

予想だにしていない事態に、彼の身体は硬直する。

猫はまだ息があるのだろう。ピクピクと動きながら、何処かへ移動しようとしているのだが、明らかに無理そうであることは見て取れた。

（可哀想に……）

そう思いながらも、田辺さんはその場から立ち去った。


その後、歩いていると書店前まで来たので、折角だからと中を覗いてみることにした。

残っているコーラを飲み干そうと一気に口に流し込む。

（んっ？）

何かの違和感を覚える。

口の中の物をペッとその場に吐き捨てると、その正体を確かめるべくしゃがみ込む。
若干の炭酸で泡立つ液体の中、小さな白い物が見つかった。
それは牙のようにも見受けられる、小さな歯であるように思えた。
（マジかよ、気持ち悪い）
田辺さんはすぐに書店のトイレに駆け込み、口の中を漱《すす》いだ。
精神的な問題かもしれないが、幾ら漱いでも気分は悪い。
しかし、あの歯はいつの間に缶の中へ入り込んだのだろう。
猫の事故には遭遇したが、その瞬間に歯だけが缶の中に入る可能性は低い。
そうなると異物混入が疑わしい。
田辺さんはメーカーにクレームを入れる為の証拠品が欲しいと考えた。
すぐに通りに戻り、先程戻した付近を探す。
しかし、何処にもあの小さな歯は見当たらなかった。
泣き寝入りかよと諦めて、その日は帰宅した。

「で、その日から変なんです」
田辺さんは炭酸飲料が好きなので、色々な種類のジュースを常に飲んでいた。

ただ、コーラを飲んだときだけ、途中でペットボトルや缶から歯が見つかる。出てきた歯を一度は避けておくのだが、間を置かず猫の鳴き声が耳元で響いた途端、何故か消え失せてしまうという。

「これって、やっぱあのときの猫が呪っているってことなんですかね。でも、轢《ひ》いた奴じゃなくて、何で俺なんですか？」

理不尽とは思いつつも、回避できる策として、最近の田辺さんはコーラを飲むことを我慢している。

肩車

（札幌市白石区）


仕事が終わり、林さんは地下鉄を待っていた。

車両が到着し、下車する人々の順番待ちをする。

その最中、濁流のように降りてくる人々の上空に黒い靄《もや》のようなものが見えた。

無意識ながらも一歩後退《あとじさ》り、その靄を目で追う。

（人……なのか？）

そんな筈はない、とは思うのだが、彼の目には真っ黒い人型のようなものが映っていた。

その直後、後ろに並んでいた乗客に軽く背中を押される。

「あ、失礼」

慌てて車両に乗り込み、シートに腰を下ろした。

先程の靄は、あの人の流れについていったのだろうか？

どうにも気になり、窓越しに確認しようとするが、それらしいものの姿は見当たらない。

（何だよ、疲れ目か……）

両瞼を擦りながら、自嘲気味の笑いが零れた。

ドアが閉まる音がして、車両が動きだした。

林さんはゆっくりと目を開ける。

そのまま正面を見据えた瞬間、状況が理解できなくなり固まった。

目の前に座っている男性の上に、先程の真っ黒い人型が乗っている。

まるで肩車をしているようにも見えるが、男性は一切重さを感じている様子もなく、自然体でいる。

(これは……何というか……)

林さんは、頭の中で理由付けや状況整理をしようとするのだが、考えれば考えるほど混乱に陥る。

そして、納得いく答えが出てこないことが、急に怖くなってきた。

(そもそも、あの黒い奴を見続けて大丈夫なのか?)

そうは思っても、目を逸らすことができない。

もしかしたら急に豹変して、飛び掛かってくるのかもしれない。

今現在、顔のパーツなどは判別できないが、目玉のようなものが出現し、標的をこちらに向けてくるのかもしれない。

嫌な緊張感に包まれ、汗がじっとりと背中を伝う。

目的の駅までは後四つ。

駅に着いたら飛び降りてやろうと考えていた。

ふと気付くと、視界の隅に黒い物が映る。

目の前の真っ黒い人影に集中し過ぎていて、周りが見えなくなっていた。

眼前の男性の両隣に座る女性二人にも、肩車をしているかのように真っ黒い人が乗っていた。別のものなのか新しいものなのかは分からない。

(な、何だよ。分裂でもしたっていうのかよ)

林さんの動揺は抑えきれず、威嚇《いかく》するように横並びの三人の上部を交互に捉え続ける。

その視線が不審に思えたのか、目の前の三人は訝しむような表情を浮かべ始めた。

(何とでも思えってんだよ。それどころじゃねぇんだよ、こっちは)

漸く目的の駅に到着すると思った瞬間、目の前の三人が一斉に立ち上がった。

一目散に飛び降りる予定だったが、どうやらこの三人も同じ駅で降りるようだ。

仕方がないので、先に三人を下車させることにする。

距離を取りつつ、改札へと向かう。

三人とも肩車状態は変わらないが、普通に歩行していることから、やはりあの黒い人には重量などは存在していないように思える。

「薄気味悪《わり》ぃな……」

林さんがぽつりと呟いた瞬間、三人は一斉に倒れた。

何もない空間だが、前のめりになる形で三人とも崩れ落ちたのだ。

周囲を歩行していた人達の悲鳴が響き、駆け寄って助けようとしている人もいた。

だが林さんは立ち尽くしていた。

三人の肩に乗っていた黒い人達は、地面に触れた瞬間に吸い込まれるようにしてその姿を消していった。

倒れた三人は痛がる様子も声を上げることもなかった。

そのことに恐怖を覚えた林さんは、逃げるようにその場を立ち去った。


「あの人達がどうなったのかは分からないままです。正直、関わりたくない、というのが本音なので」

その後も、林さんは人混みの中で、真っ黒い人を見たことがある。

やはり肩車のように肩に乗っていたという。

そのような状況に遭遇したときは、一目散にその場から離れている。

お陰でまだ、酷い目には遭わないで済んでいるらしい。

メモ

（函館市深堀町）


田原さんは狭いアパートで独り暮らしをしている。

ある日のこと、仕事から帰宅すると玄関ドアに付いている郵便受けに一枚のメモが入っていることに気付いた。

『明日、右足を捻挫するから気を付けるように』

走り書きのようではあるが、予言めいた内容に戸惑う。

そもそもこのメモが田原さん宛ての物なのかどうかも分からない。

差出人のような記名もなく、ただただ不審な文面である。

気味が悪かったが、新しい悪戯として流行っているものなのかもしれない。

クシャッと丸めて、そのままゴミ箱へ投げ捨てた。


翌日、営業の外回りで通りを歩いていた。

すると通りの向こうから、物凄い勢いで大型の犬が駆け寄ってくる。

更にその背後から必死に追い掛ける中年女性の姿が見えた。

その直後、田原さんは大型犬に押し倒され、路上に倒れ込んだ。

覆い被さる犬に凶暴性は感じられない。

ただただ遊んでほしいように田原さんの顔を舐め続けてくる。

「こら止めなさい、タロー！」

息も切れ切れに追いついた女性は必死に引き剥がそうとするが、犬の力が強い為になかなか自由にはなれない。

田原さんも下から力を込めて、漸く解放された。

「本当にすみません。お怪我はありませんか？」

「いやいや大丈夫ですよ。気にしないでください」

田原さんは丁重に謝る女性を見送り、外回りを再開しようとした。

「あ、あれ？」

急に右足首が痛みだした。

靴下を脱ぎ確認すると、想像以上に腫れ上がっている。

何とか歩こうとするも、足を地面に着いただけで激痛が走るようになっていた。

「あちゃー、やっちまったな」

とりあえず、職場と営業先に連絡を入れて、タクシーを拾うと病院へと向かった。

検査の結果、捻挫と診断される。

結構重症だったらしく、完治までの一、二週間は安静にするように言われた。

仕方がないので会社へ状況説明をし、その日は直帰することにした。

(暫くはデスクワーク専門で……。問題は通勤だよなぁ)

松葉杖を借りることはできたが、不慣れな為、階段の上り下りは非常に困難なものであった。

漸く自宅へ戻ると、大きな溜め息が零れた。

「ふぅー、疲れたぁー」

靴を脱ぎ捨て、郵便受けを開ける。

複数のチラシの間から、スルリとメモ紙が落ちた。

「あっ……」

すっかりと忘れていたが、昨日のメモの内容が思い出された。

まさかとは思いつつも、新しいメモが気になる。

『だから言ってたのに。今度は火傷だって』

また不穏な言葉が記されていた。

差出人の正体は気になるが、捻挫の件は単なる偶然の可能性もある。

メモが火傷と指定してくるのならば、回避することで全てを気の所為《せい》にしてしまいたかった。

とりあえずは火の気を避ける為に、テレビを見て時間を潰すことにする。

途中でコーヒーが飲みたくはなったのだが、敢えて我慢し、ジュースで喉を潤した。

（何とかなりそうだな。このまま今日を乗り切れば……）


――今日？

そこで違和感を覚える。

新しいメモには日付の指定はなかった。

どうして今日だと思ったのだろう。

むしろ指定がない以上は、自分が生きている限り、対象になるのではないだろうか。

この先、一度も火傷をしないままで生涯を終えるとはとても考えにくい。

「やっぱ悪戯なんだよ、これ」

田原さんは心の何処かで怯えていたことが急に恥ずかしくなった。

そして安心すると、急にお腹が減ってきた。

台所に立ち、調理をすることは足の具合を考えると大変難しい。

手っ取り早く、とカップ麺を食べることにした。

かやくと粉末スープを入れ、お湯を注ぐ。

そのタイミングで玄関チャイムが鳴った。

「はいはいーっと」

田原さんはカップ麺をその場に置き、片足で飛び跳ねながら、インターホンモニターに向かう。

「はい……」

インターホンに返事をした瞬間、彼の思考が固まる。

映し出されていたのは、どう見てもスーツ姿の田原さん本人であった。

「あれ？　えっ？　あれ？」

動揺した言葉が零れると、反応するようにもう一人の田原さんは消え失せてしまった。

言葉にならない悲鳴を上げながら、後ろに飛びのく。

その足が、何故か床にあったカップ麺の上に直撃し、思いっきり踏み抜いてしまった。

「あっづぃーーーーー!!」

田原さんは、ジタバタとその場で転げ回る。

捻挫したほうの足首も痛むが、今はそれ以上に火傷の足が痛い。

暫くの間は悶絶していたが、少しだけ落ち着きを取り戻すと浴室へと這っていき、冷水で足の火傷を冷やした。

「意味が分からないでしょ？　未だに僕も分かんないんですもん」

翌日、田原さんは痛む両足を押して、無理矢理に出社した。

本当は会社を休むことを考えていたが、家にいる間にまた何かが起きそうな予感があったからだという。

帰宅すると、また郵便受けにメモが入っていた。

『うまく逃げたね。やるじゃない』

そのメモを最後に、半年間は何も届いていないらしい。

「もう、安心してもいいってことですかね？　ねぇ、そうですよね？」

田原さんは同意を求めるように、何度もその言葉を繰り返した。

気掛かり

（檜山郡江差町）


ある年の夏、谷川さんの父親が亡くなった。

九十七歳という年齢だったので、前もって心の準備はできていた。

葬儀と納骨まで、滞りなく行われた。

数年前に母親は他界している為、それ以降は一軒家に一人で暮らす生活が始まる。

別に何も変わらない生活。

いや、晩年は父親の介護をしていたことを考えると、身体は楽になった反面、何処か心にぽっかりと穴が開いたような日々を送る。

テレビを見ていてもつまらなく、時間を潰せない。

食事の支度すら、父親がいないのであれば大変面倒なものに思えていた。

（あれ程、自由な時間が欲しいって思ってたのにねぇ……）

満足な食事を摂らない谷川さんはどんどん痩せていった。


ある日のこと。

買い物から帰宅すると、冷蔵庫の前に食材が散乱していた。

一瞬、泥棒を疑うも、すぐにその考えは消え失せる。

視線の先に立っている男がいたのだ。

「と、父さん……？」

まるで生きているかのような鮮やかな色彩だが、黙ったまま動こうとはしない。

ただ、その父親の姿は四十代位のもので、晩年の記憶とは程遠いものがあった。

「え？　どうしたの？　成仏できていないの？」

その呼び掛けには答えることなく、掻き消すように姿を消した。

――今見たものは自分の見間違いだろうか？

いや、それならば、このばら撒かれたような食材は何だというのか？

晩年の父親は若干の認知症を患っていた。

食べることに対して執着があったのか、冷蔵庫の中を荒らし、食品にそのまま齧り付くことも多くあった。

(何か食べたいって訴えているのだろうか？)

そう考えた谷川さんは、その日から父親用の食事を作り、仏前に供えるようになった。

しかし、目を離した隙に冷蔵庫を荒らされることは変わらず、供えた食事もいつの間にか器ごと引っ繰り返されている。

(満足できていないということだろうか?)

味を変え、品を変えてと三食調理をする日々が続いた。

現象が収まらないまま一週間ほど過ぎた頃、ふと気が付く。

(あのとき現れた姿が四十代ということは、介護食じゃなくて、普通の食事が食べたいということじゃなかろうか?)

肉をメインに野菜や魚で定食みたいな食事を作った。

それ以降、供えた食事が引っ繰り返されることはなくなったが、冷蔵庫を荒らされることは続いた。

(まだ何かが足りないんだ)

そう思った谷川さんは父の為にと調理を続ける。

それから一カ月が過ぎた頃、谷川さんが冷蔵庫から食材を出しているときに、父親は現れた。

やはり四十代位の姿で、突然谷川さんの横に立っていた。

「ねぇ、父さん。何が食べたいの？　言ってくれなきゃ分かんないよ」

恐怖など一切感じることもなく、父親の望みを訊ねる。

しかし父親は、谷川さんの姿には目もくれず、冷蔵庫の中の物を引っぺがすように床に投げ捨て続けた。

「ちょっと、止めて！　止めてって！」

父親の暴挙を押さえつけようとするが、彼女の手は父親の身体を擦り抜ける。

「もう、止めてってーー‼」

悲痛な叫びは父親の耳に届いたのか、また掻き消すように姿を消した。

それを境に冷蔵庫が荒らされたり、父親が現れることはなくなった。


「時間が経った今だから思うんですけど……」

父親の為に普通の食事を作るようになってからは、勿体ないので谷川さんも同じ食事を摂っていた。

そのお陰で、痩せていた身体が徐々に元に戻っていった。

食事の栄養バランスも考えたし、いつ冷蔵庫が荒らされるのかと考えると、ある意味では張りのある生活を送っていた。

「これって都合良すぎる考えですかねぇ？」

そう笑って話す谷川さんの顔は、健康そのものに見えた。

晩酌

（北見市大町）


森田さんは晩酌を欠かさない。

毎日、専用のグラスを凍らせて、そこにビールを注ぐ。

キンキンに冷えたビールを一気に空けることで、今日も一日頑張ったと痛感するのであった。


ある日のこと、いつものようにグラスにビールを注ぐ。

さあ飲むぞ、と思った瞬間、ビールに異変が起きた。

グラスの表面に付いた氷越しに、綺麗な琥珀《こはく》色が窺《うかが》える。

その中央部分に、赤い色の靄が浮かび上がってきたのだ。

まるで赤い塗料を落としたように揺らめきながら、ビールをどんどん変色させていく。

唖然としながらその様子を見ているうちに、ビールは完全に深紅に染まった。

（え……何で？）

天井から何か液状の物が落ちてきたのかと上を見るも、特に赤い染みのようなものは見当たらない。

理解ができないまま、グラスを見据えて首を傾げる。

(どう考えても、これは飲めないよなぁ。つーか、絶対飲んじゃいけないよなぁ)

ビールが勿体ないと思いつつ、台所のシンクに流して捨てた。

気を取り直して新しいビールを飲もうとするが、グラスは一個しか凍らせていない。

仕方がないと缶ビールのまま、飲むことにした。

一気に流し込もうとした瞬間、説明のできない違和感を覚える。

彼の本能が飲んじゃいけないと知らせ、大きく口に含んだビールを台所のシンクまで走っていき吐き出した。

やはりシンクには赤い液体が広がっている。

と同時に、呼吸ができるようになったので、口の中から鼻まで強烈な鉄臭さのようなものが駆け抜けた。

「うぅっ、おえっ、おえぇぇぇぇ」

何度も口の中を漱ぐが、鼻の奥に残るうっすらとした臭いは消えてくれない。

(気持ち悪い、何だってんだよ……)

森田さんはビールの不良品だと思い、缶に残ったビールをグラスに注いで色を確認する。

やはりそのビールは赤く染まっていた。

鼻を近付けて臭いを確認するが、先程感じた臭いがまだ鼻に残っているのでよく分からない。

「これはクレームものだろ」

明日、メーカーに電話を入れようと考えるが、今日の晩酌が済んでいないので森田さん的にはどうにも収まりが悪い。

冷蔵庫から新しいビールを取り出すとグラスに注ぎ、不良品かどうかを確かめる。

「うん、これは大丈夫そうだ」

一気に飲み干そうと口に近付けていくと、またグラスの中のビールが赤く染まる。

「一体何だって言うんだよ。あれか？　空気に触れて酸化したってことか？」

お酒が飲めないことで、森田さんの苛立ちはピークを迎えた。

そのタイミングで、森田さんのスマホが鳴る。

電話は実家の母親からで、旭川の叔父さんが亡くなったという。

その叔父さんは森田さんのことを幼少期から可愛がってくれていた。

「車の事故なんだって……。可哀想に、潰されてグチャグチャになってたんだって……」

涙声の母は必死に言葉を振り絞っていた。

「もう少ししたら家を出るから、あんたのとこに寄って、それからマサさんの家に向かうよ。ちゃんと準備をしておきなさい」

電話を切った後、森田さんは暫く呆然としていた。

(何でだよ)

その思いだけが頭の中を駆け巡っていた。

そうしていると、視界の中に赤く染まったビールが映り込む。

無意識に眺めていると、徐々に赤い色が消えていく。

琥珀色に戻ったときに、何故か言葉が零れた。

「マサ叔父さん、あなただったのか……」

そこで漸く涙が流れた。

支え

（札幌市西区）


今年の盆休み、速水さんは帰省を諦めた。

理由としてはコロナ禍の中、田舎に顔を出すことは実家のほうでどのような弊害が生まれるのか想像ができないからだという。

年老いた両親の田舎での立場、万が一の健康被害と、どうしても不安が付き纏う。

仕方がないと実家に電話を掛けて、「墓参りだけ、俺の分まで頼むな」と告げた。

そうしているうちに盆休み期間へ入る。

いつもならば実家でダラダラと過ごしているのだが、札幌のアパートでは何をしていいのか分からない。

普段じゃしないような場所の掃除をしたり、少し手の込んだ料理を作ったりして時間を潰した。

夜、晩酌をしているとふと気が付く。

（あ、今日からお盆か……）

彼の家には亡き祖父母の写真が飾られていた。

その前に立ち、そっと手を合わせる。

「今年はすみませんが、こんな形で許してください」

ふう、と溜め息を吐き、祖父母の写真を眺める。

幼少期の頃が思い出され、少しだけ温かい気持ちになれた。

「しっかし、こんな時代が来るとはねぇ。ジッちゃん、バッちゃん、生きるのが大変な時代になったわ……」

コロナの影響で彼の給与も著しく下がった。

それでも会社に倒産されるよりはマシだと、社員の全員がそれを受け入れた。

これまでとは違い、節約生活を余儀なくされる。

食費を抑える為に安いスーパーを転々としたいのだが、必要以上に人との接触は避けたい。心の中には常にジレンマが付き纏っていた。

色々と考えないようにはしていたが、つい零れた愚痴が気持ちを暗くさせる。

「って言っててもしょーがないよな。パッと飲み直すか」

その日はいつもより酒が進んだ。

そして深い眠りに就いた。

どれくらい寝ていたのだろうか。

速水さんは自分の涙で目が覚めた。

夢を見ていたことは覚えている。

現在の姿の自分の前に、祖父母が立っていた。

それを俯瞰《ふかん》していた。

その周囲は濃い霧のような靄に包まれ、三人の姿だけがはっきりと浮かび上がっていた。

「辛いか？　だけど負けんな。いつの時代も、みーんなそうやって踏ん張ってきたんだからな」

「頑張るんだよ。絶対に良くなっていくんだからね」

祖父母の優しい言葉に、もう一人の自分は号泣している。

(分かってる。分かってるよ)

そう思いながら目を覚ますと、頬《ほお》を伝い落ちた大量の涙が枕を濡らしていた。

「ハハッ……」

自嘲気味の笑いが漏れた。

そんな意識は全くなかったのだが、どうやら自分は弱っていたらしい。

救いを求めて、亡き祖父母に頼っていたのかと思うと、情けなく思えてきた。

（頑張ろう。うん……）

気持ちを切り替えるようにして、速水さんは寝直した。


翌朝、朝食の準備をしていると彼のスマホが鳴った。

実家からの着信である。

「もしもし、どうしたの？」

「ああ、徹か。……いやな、何つーかアレだ」

父親は歯切れの悪い言葉を繰り返す。

「何？　何かあったの？」

「まあ、そのアレだ。そのー……金はあるのか？」

「はい？」

そんな言葉を父親から聞いたことなどは一度もない。

理解できないまま、どうしてそんなことを言い出したのかを問い詰める。

「まあ……。信じなくてもいいがな、昨日、父さんと母さんが出てな……」

父親の話によると、就寝中に何かの気配を感じて目が覚めたという。

上半身を起こすと、眼前に座る祖父母の姿があったという。

夢を見ているんだ、と思っていると、祖父母が語りかけてきた。

——少しは息子のことを考えろ。

今の世の中を考えたら、金に困っていることぐらい分かるでしょ。

俺が残した遺産をこういうときにこそ使え。


強い口調で祖父母に叱責された父親が、「分かりました。ごめんなさい。だからちゃんと成仏してください」と言うと、祖父母はにっこり笑ってその姿を消した。

「まあ、父さん母さんの話は別にしてもよ、金に困ってるのかと思ってよ」

少し恥ずかしそうな印象を受ける父親の話し方に、速水さんは大笑いをしてしまう。

「何だよ！　心配してるだけだろ！　親が心配したらダメなのかよ！」

「あー、ごめんごめん。うん、大丈夫。俺はまだ大丈夫。だからありがとうね」

「そうか、ならいいんだけどよ。……まあ、無理すんな。困ったら頼れ。これでも親だしよ」

ほっこりとした気持ちで電話を切ると、途中まで作っていた朝食を仕上げる。

速水さんはそれを少しだけ取り分けると、祖父母の写真の前に供えて感謝を伝えた。

その日の夜、また夢に祖父母が出てきた。

「頑張りなさい。いつでも見守っているから」

優しい笑顔でそう言ってくれた。

世の中的には、まだまだ厳しい情勢が続くのだろう。

それでも支えてくれている人達がいると思えることで、速水さんは前向きに歩めそうだと話してくれた。

虫嫌い

（深川市納内町）


ある日の朝、目覚めた大泉さんはカーテンを開けようとしていた。

しかし、何気に手を伸ばしたところで動きが固まった。

それまでに見たこともない大きさの蛾が、カーテンに留まっていたのである。

大泉さんは大の虫嫌いなので、掌ほどの大きさもある蛾をどうにかするという時点で、かなりの難問であった。

頭の中は色々な手段を考慮するのだが、いつ飛び立つのか分からず考えを纏める隙を与えてくれない。

（どうする？　どうする？　どうするんだよ！）

焦りながらも散々悩んだ結果、部屋に転がっていたレジ袋を被せるようにして捕獲するという結論に行きつく。

蛾を目の前にして、レジ袋を広げるようにして構えたのはいいが、なかなか一歩が踏み出せない。

（頑張れって！　後は勢いだって！）

五分ほど自らを鼓舞し続け、えいやっとレジ袋を被せることに成功した。

幸いなことに蛾は飛び立つこともなく、袋の中にいるようだ。

後は逃げられないようにと、カーテンごと揺さぶるようにして袋の口を狭めていく。

『ガサッ』

袋の底に落ちた音とともに、若干の重量を感じる。

「ひゃああぁぁぁぁあー」

悲鳴にもならない変な声を上げながら、袋の口をギュッと結んだ。

ここまでは計画通りである。

しかし、この先のことまでは考えてはいなかった。

普通ならゴミ箱に捨ててお終いとなるのだが、大泉さん的にはそれはどうしても許せない。

万が一、何かの拍子で袋が破れて脱出されでもしたら……。

そのまま部屋中を飛び回られたりでもしたら……。

袋の中から逃げ出さないにしても、急に暴れだして、ゴミ箱の中からずーっと『ガサガサ』という音がし続けでもしたら……。

想像するだけで鳥肌が立つ。

結論を出せない大泉さんは、蛾を捕獲したレジ袋を片手で持ちながら、右往左往していた。

いっそのこと、窓から投げ捨てようと考えるが、流石に体裁がある。
誰かに見られでもしたら、大きなトラブルに発展する可能性だってある。
ゴミステーションに捨てることも考えたのだが、今日は収集日ではない。
その場面を他の住人に見られでもしたら、また面倒臭いことになる可能性だってある。
「どうする？　どうする？」
只々、その言葉を繰り返しながら、部屋中を歩き続けていた。
そんな最中――。
『ガサガサッ』
突如、袋の中から音がし始めた。
どうやら蛾が暴れ始めているようだ。
「ひぃいいいいいぃいいいぃー」
変な声を上げながらも、袋を投げ捨てることはできない。
どうか大人しくなってくれと願いながら、袋の端を握りしめていた。
少しすると、願いが通じたのか、急に袋からのガサつきはなくなる。
しかし、ホッとする間もなく、レジ袋の底が縦に伸びた。
袋を伝い結構な重量を感じるが、その重さはどんどん増していく。

（マジか……。何でだよ……）

するとバリッという音とともに、一瞬でレジ袋は軽くなった。

慌ててレジ袋の底を見ると、熱で融けたような穴が開いている。

気が動転している大泉さんは、蛾に逃げられたと思い周囲にその姿を探すが、何処にも見当たらない。

その後も三十分以上も掛けて室内を念入りに捜索するが、とうとうあの蛾を見つけ出すことはできなかった。

結局、その場に残っていたのは融けたレジ袋。

そして、袋が破れた際にまっすぐに蛾が落ちたであろう床面には、十センチ大の丸い焦げ跡が残っていた。

「冷静になってから考えると、蛾は勝手に燃えないって分かるじゃないですか。この話は、未だに意味が分からないんですよ」

それ以降、大泉さんの部屋には、突然蛾が現れたりはしていないらしい。

心霊番組の楽しみ方

（札幌市東区）


弓削さんはある晩、心霊番組を見ていた。

大抵の内容はフェイクであると、馬鹿にしながら見るのが彼のスタイルであった。

「これは作り込み過ぎだろ」

「あー、酷い出来だわー」

一つ一つの投稿映像に、突っ込みを入れながら見続ける。

番組も中盤を過ぎた頃、とある映像を見ていた。

何処かの山の中の風景である。

その風景の中で、明らかに女性と思える顔が映り込んでいる。

女性の顔は苦しそうな表情で口を開け、僅かに覗いた眼球からは何か訴えかけるものを感じた。

「おっ……おう……」

霊感などは持ち合わせていない弓削さんではあるが、背中に冷たいものが走った。

番組上、各映像ごとの最後に、霊がいる場所を表示してくれるのだが、弓削さんが気付いた箇所は無視され、別の場所に霊がいると言っている。

「いや、そんなのより、こっちのほうだって！」

そんな言葉を吐いてるうちに、次の映像が流れ出した。

彼の気持ちの中では、新しい映像などは既にどうでもよくなっていた。

先程の女性の顔が脳裏に焼き付き、恐怖心が高まる。

「マジかな？　マジの奴かな？　多分、ヤバい奴だって、アレ」

ちょうど、そのタイミングでＣＭが流れた。

家族団らんの食品の映像に、一瞬、心が緩む。

『カン、コン、コン、カンッ……』

微かではあるが、ノックに近いような音が聞こえた。

身体は緊張で強張《こわば》り、耳を澄ませるようにして音の出所を探す。

『カン、コン、カン、カン、コンッ……』

どうやら音は窓のほうからしているらしい。

彼の部屋は三階にあり、窓の下は通りに面している為、人などがいる筈もない。

カーテンの前に立ち、耳を向けるとやはり窓ガラスを何かで叩いているような気がする。

逡巡《しゅんじゅん》するが、意を決し、勢いよくカーテンを開けた。

――何もない。街灯がぼんやりと照らす暗い街並みが見えるだけであった。

(ビビらせやがって、何もいる筈がないんだって)

そう思った瞬間、映像に映り込んでいた女性の顔が、窓ガラスに貼り付いた。

大きさで言うなら、通常の人間の三倍くらいはあるだろうか。

余りのことに弓削さんはその場に崩れ落ちるが、恐怖で女性の顔から目を背けることができない。

その顔は口をゆっくりと動かし、何かを話しているようではあったが、彼の耳には何も届かなかった。

緊迫した時間は突然終わった。彼は突然意識を失ったのである。

恐らくは彼の緊張感が限界を迎えたのだろう。


「そのときの番組って、録画していなかったから確認のしようがないんですよね」

彼は確かに映像の中に、女性の顔を見たという。

その顔は、何故か彼の部屋の窓ガラスに現れ、気付いたときには消えていた。

夢や見間違いではないという証拠に、窓ガラスの外面には顔の大きさで皮脂汚れのような物が残っており、それは三週間ほどは消えなかったそうだ。

魅惑

（空知郡奈井江町）

斉藤さんは温泉巡りが趣味であった。
有休などを使っては、道内の彼方此方《あちこち》の温泉宿に宿泊していた。

とある連休のこと、道央圏の温泉宿に向けて車を走らせていた。
途中で一息入れようと、ある道の駅に寄り道をする。
ソフトクリームを買い、車内で食べながら周囲を見渡す。
（結構な台数がいるなぁ）
楽しそうな家族連れやカップルを見て、気持ちを和ませる。
（さあ、もうひと頑張りしますか）
構内を徐行しながら、国道に戻ろうとした。
すると、前を走行している車に違和感を覚えた。
白い高級セダンであるのだが、トランクのところから何かが出ている。
少し車間を詰めるようにして、目を凝らす。

――出ていたのは、親指を除いた四本の指であった。

まるでトランクから這い出たようなその指は、綺麗に並んでいる。

一瞬、ドキッとしたが、そういうジョークグッズがかつて販売されていたことを斉藤さんは知っていた。

「何だよ、ビビらせやがって。本当に悪趣味だなぁ」

気を取り直し、運転を続ける。

暫く走行していると、斉藤さんには色々と疑問が湧いてきた。

今もまだ前方を走行している高級セダンであるが、そういう車の人がこのようなジョークグッズを付けたりするものだろうか？

そもそも、あのジョークグッズの指の色は、もっと玩具っぽさがあったような気がする。

しかし、前の車に付いている物は、本物のようにしか見えない。

(まさか本当にトランクの中に人がいるのでは？)

斉藤さんはもっと注意深く観察しようと、車間を詰めていく。

色、質感ともに、やはり本物の指のようにしか思えない。

しかし、トランクは完全に閉じており、現実的に考えても人間の指である筈はない。

(ってことは、わざわざリアルに見えるように彩色し直したってことか……)

そう思った瞬間、出ていた指はまるでピアノの鍵盤を叩くように、滑らかな指捌きを見せた。

「……っっッ!!」

動揺した斉藤さんだが、そのタイミングで前の車との車間が一瞬で縮まった。

慌ててブレーキを踏むが間に合わず、追突をしてしまう。

(やっちゃった……)

セダンから降りてきた中年男性は怒声を上げている。

斉藤さんも速やかに車から降りて謝罪するが、相手の怒りは一向に収まらない。

「あんたさっきから何なのよ!? 車間をやけに詰めてくるなって思ってたらぶつかってくるし。抜かすんなら、とっとと抜かせばいいのに、何をやってんのよ」

「いや、その、抜かしたかった訳じゃなくて、指が気になって……」

「はぁ!? 自分の指が気になって、前を見てませんでしたってか!?」

「いや、そうじゃなくて、トランクの指が気になって……」

「あんた、酒か薬でもやってんのか？」

弁明しつつも自分の置かれた状況を説明し続けるが、相手側には一向に伝わらない。

むしろ怒りに拍車を掛けるだけであった。

暫くして漸く警察が到着するが、相手の怒りは収まらないままであった。

警察が状況確認をしようと二人を引き離す。

「おまわりさん、そいつ酒か薬をやってるんだよ!! 危ない奴だわ!!」

少し離れたところから、男性が声を荒らげている。

「えーと、お酒とか飲んでいるんですか? ちょっと確認しますね」

警察官により、斉藤さんが飲酒や薬をやっていないことはすぐに証明された。

「では、どういう状況で事故に遭ったのか説明してもらえますか」

「いやその、前の車のトランクから指が出ていまして……」

「指……ですか?」

「いや、玩具かもしれないんですが、それに気を取られてぶつかりました」

相手側のトランクを警察官と一緒に確認するが、中には何も入っていなかった。

周囲を確認しても、玩具の指のような物は落ちてはいない。

「はい、分かりました。では、あなたがちゃんと前方を確認していなかった。また、車間距離を保っていなかったことが事故の原因ということでいいですね?」

「……はい」

納得はいかないが、そう言わざるを得ない。

どちらの車も走行は可能ということで、連絡先を交わして現場を離れることになった。

「では斉藤さん、この後は安全運転でお願いしますよ」

警察官に見送られ、車を走らせる。

……あれは一体何だったのだろうか？

頭の中の整理ができないまま、運転を続ける。

もはや温泉のことなどどうでもいいような気もし始めていたが、嫌なことがあった以上、ゆっくりとお湯に浸かって全てをリセットしたほうがいいような気もする。

(切り替え、切り替えっと。あ、保険会社にも連絡しないとな。ホテルに着いてからでいいか)

予定時刻を大幅に過ぎた頃、漸く温泉宿に辿り着いた。

駐車スペースに車を駐め、さあ降りようと思った瞬間、フロントガラス越しに何かが見える。

――人間の右手首だった。

全ての指を波打つようにしながら、フロントガラスの下から上へと這い登っていく。

唖然としながらその光景を見続けていると、ルーフまで辿り着いたのかその姿は見えなくなった。

一瞬の間を置き、慌てて車から飛び降りる。
ルーフ部を覗き見るが、右手首の姿は見当たらない。
周囲、車の下と探してみるが、何処にもその姿はなかった。
斉藤さんが右手首を見たのは、この一回だけだという。

来訪者

（旭川市東山）


初冬のある日、玉木さんは部屋の換気をしようと窓を開けた。

冷え切った風が勢いよく吹き込み、思わずブルッと身体を震わせる。

（今日も寒いなぁ……）

いつも、概ね十分程開けたままにして、空気を入れ替えた後で窓を閉める。

その間は炬燵《こたつ》に潜り込み、暖を取るのである。

（もう、いいかな）

炬燵から出て、開けた窓を順番に閉めていく。

最後の窓を閉めようとしていた手が、予想外の光景に動かなくなった。

——窓の桟を乗り越えるようにして、小さな人が部屋の中に入り込もうとしていたのだ。

（はい？）

その小さな人は窓桟から飛び降りると、音もなく室内に着地した。

玉木さんは我が目を疑いながら、小人の動きを追う。

大きさは十センチもあるのだろうか。

縦横無尽に室内を走り回っている為、正確な大きさは掴めない。

服……といえる物も細かい縫製はよく分からないが、上下ともに綺麗なスカイブルーをしていて、パーカーのような帽子が付いていることだけは分かった。

（疲れているんだろうか？）

玉木さんは瞼を指でマッサージし、再度確認するが、相も変わらず小人は走り回っていた。

（夢……じゃない）

状況を理解できないまま、ただただ小人を目で追うことしかできないでいた。

――シュッ。

突然、小人は勢いよく炬燵の中に入り込んでいった。

暫くそのまま待ち続けているが、一向に出てくる気配がない。

様子を確認しようと、恐る恐る炬燵布団を捲り上げ、中の確認をする。

しかし、炬燵の中に小人の姿はなかった。

もしかしたら炬燵布団の何処かに隠れているのかもと、玉木さんは自らの頭を炬燵の中に突っ込み、慎重に布団をずらしてみる。

その瞬間、全身に衝撃が走った。

まるで雷にでも打たれたような、痺れを伴う痛み。

（これは、あれだ……）

玉木さんは炬燵の不具合で感電したのだと思いながら、意識が遠退いていった。

どのくらい気絶していたのかは分からないが、意識を取り戻したとき炬燵に頭を突っ込んだ状態だったらしい。

訳が分からないまま起き上がろうとしたので、思いっきり頭をぶつけてしまった。

「結局、あの小人は見つからないままでした」

それ以降、同じ小人を見ることはないが、玉木さんの中で変化があった。

これまでの人生では宝くじなどを一度も買ったことがないのだが、売り場を見かけると立ち寄るようになったという。

そのときに〈あの小人の姿〉が頭に浮かぶと、スクラッチくじを購入する。

結果、少額当選金が必ず当たり、小遣い稼ぎができているらしい。

「映像が浮かばないと買う気になれないんです。他のくじもあるんですが、何故かスクラッチしか買えないというのも意味不明ですが……」

玉木さんの中では、あの小人はコロポックル的な福の神だと認識されている。

そして、適度な金額で終わることも、変な欲が湧き上がらないのも、小人のお陰だと信じている。

「人生が狂うって聞くでしょ？　だから、このくらいが一番いいんです」

そう笑う玉木さんは、実に幸せそうであった。

視力回復

（札幌市東区）


外崎さんはここ最近、視力の衰えを感じていた。

そこで意を決し、眼鏡を作ることにした。

お店を訪れ、視力を計測すると、想像以上に落ちていることが分かった。

デザインや機能などは一切分からないので、お店の人に言われるがままの物を作ってもらうことになった。

それから一週間後、出来上がった眼鏡を引き取りに行く。

実際に掛けてみると、視野が鮮明に広がる。

ただ、視界の端のほうでは若干の歪《ゆが》みを感じ、酔ったような感覚も味わう。

「如何ですか？　結構違うと思いますけど」

「そうですね、かなりはっきり見えます。……ただ、眼鏡の端というか、その辺りで眩暈《めまい》のような歪んだような変な感じもするんですが」

「ああ、それは慣れるまでの間はそんなものですよ。皆さんそうですから」

そんなものなのかと外崎さんは納得し、暫くは日常生活を気を付けながら過ごしていくことにした。

眼鏡を作成してから三日後。

その日は仕事が立て込み、通常の帰社時間を過ぎても見積もり作業に追われていた。

「ふーう」

一度大きく伸びをして、残りの作業量を計算する。

(このペースだったらうまくいって、零時頃ってとこか……)

眼鏡のお陰でモニターの数字は見易くはなったのだが、まだ端の歪みが気になる。

時折、目を閉じて休ませるようにしながら、必死にキーボードを叩いていた。

「よし、終わった！」

社内の時計を確認すると、二十三時を回っていた。

予想よりも早く終われたことで気分は上がる。

急いで書類を片付けると駐車場に向かい、ハンドルを握った。

時刻も時刻なので交通量は非常に少ない。

多少スピードを出し気味で、家路を急いでいた。

十分程走っていると、歩道のほうから黒い人影が飛び出してきた。

（危ない!!）

急ブレーキを踏んだものの、タイミング的には完全に轢いていると思われた。

特に衝撃のようなものは感じなかったが、人を撥《は》ねた経験などはないので、そのようなものなのかもしれない。

生唾をごくりと飲み、恐る恐る車から降りて状況確認をしてみる。

周囲を見渡し、車の損傷なども確認するが、異常は見当たらない。

もしや、と車両の下部を覗き見るが、冷えたアスファルトが広がるだけであった。

（気のせいか見間違いか……）

そうは思うが、なかなかその場から離れることはできない。

結局、それから三十分以上も、撥ねたであろう人の姿を探し続けたが見つからず、漸く諦めが付いて帰宅することにした。

「この日が始まりだったと思います」

外崎さんはそれから三カ月の間に、同じような人影を十回以上も轢いた……ような体験をした。

時間帯などに関連性はないらしく、日中でも遭遇していた。

また最近では、会社の中や路上で明らかにこの世のものではない存在を見かけるようになっていた。

土気色の肌と虚ろな目という点では共通しているが、普通に服を着ている為、一瞬見かけただけでは生きている人との見分けは付かない。

偶々その場を通り掛かった人が、死者のような存在を擦り抜けてしまうので、ハッとして気付いていたという。

「最近、大分眼鏡が馴染んできたような気がしていたんですよ。そうしたらこんなことになっちゃって……。視力が良くなったら、そういうものが見えたりするんですか？」

外崎さんの問いに対し、正しい答えを出すことはできない。

「今はまだ外で見るだけだからいいんですが、これが自宅で見るようになったら……」

その憂いに対しても、掛ける言葉は見つからなかった。

居心地

ある日のこと、木村さんの携帯が鳴った。
見覚えのない番号ではあるが、一応出てみる。
若干のノイズに混じり、ぼそぼそとした声が聞こえる。
「もしもし？　もしもーし」
幾ら呼び掛けても、言葉がはっきり聞き取れない。
「聞こえないので切りますよー」
悪戯電話という感じではなかったが、用件が全く分からない以上は仕方がない。
大事な要件ならまた掛け直してくるだろう、とその電話のことはすっかり忘れていた。
その夜、自宅で食事をしていると再び携帯が鳴った。
やはり見覚えのない番号からである。
出てみると、今度は全くの無音である。
幾ら呼び掛けようとも、静かなままであった。
(今度は悪戯？　いや、通信障害のようなもんか？)

（札幌市西区）

「聞こえないから切りますよー」
一応、断りを入れてから通話を切る。

食事を終えてふと一息吐くと、日中の電話のことを思い出した。
(あれ、もしかして俺の携帯がおかしいのか?)
そう考えると合点がいく。
昨日までは何でもなかったが、機械の故障なんて突然起きてもおかしくはない。
見慣れない番号であったが、もしかしたら知り合いや取引先であった可能性もある。
慌てて着信履歴を確認してみると、その二件の表示だけがない。
しかし、他の番号は履歴として残っている。
(そのときだけ、何かの異常が起きたとか?)
そんなことを考えていると、ちょうど着信が入った。
またもや見知らぬ番号からである。
「もしもし……」
一瞬の間を置き、野太い男の声が聞こえた。
「どうも、こんばんは」

「えっ？　どちらさんでしょうか？」

木村さんがその言葉を発した瞬間、目の前にスーツ姿の中年男性が立っていた。

「初めまして、いや、居心地が良さそうだなと思いまして」

携帯からはそう言葉が聞こえてくる。

そして、目の前の男は言葉を発しているように口は動いているのだが、一切の声は聞こえてこない。

「って、お前は誰なんだよ！」

思わず木村さんは身構えながらも、目の前にいる男を威嚇する。

しかし、男は口をパクパクと動かすだけで、直立の体勢を変えようともしない。

「ふ、ざ、けんな!!」

怒りの感情のまま男に殴りかかってみるが、木村さんの拳は擦り抜けてしまう。

「はぁ？」

すぐに体勢を立て直し、ボクシングの構えをするが、男は変わらずに口をパクパクと動かすだけであった。

そこでハッと気が付く。

少し距離を保ち、携帯を耳に当ててみる。

「……からぁ、そんなことは無駄ですって。居心地が良さそうだから憑いてきたんですって」

「ふざけんな、出ていけ！」

「嫌です」

「出ていけって‼」

「嫌です」

「お前、本気でぶっ飛ばすぞ！」

「無理です」

木村さん自体も完全に状況を理解などはしていないが、霊との通話で威嚇を続けた。

不毛なやりとりが五分程続いた後、何かの言葉が霊を怒らせたらしい。

「舐めないでください」

そう男が電話越しに言った瞬間、電池パックが破裂した。

「痛《い》ってぇ……」

左掌に衝撃が走り、堪《たま》らず木村さんは蹲《うずくま》った。

すぐに我に返り、男の姿を探すも、完全に消え失せてしまっていた。

「携帯は完全に壊れていました。画面にも細かい皹《ひび》が入りまくっていましたし」

それ以降、新しくした端末に、見知らぬ番号からの着信は一度もない。

「気になっているのは『居心地が良さそう』って言葉です。男の姿を見ることはないが、ふとした瞬間に人の気配を感じたりすることがあるので」

解決になるのかどうかは分からないが、現在、木村さんは引っ越しを考えている。

猫

（千歳市旭ヶ丘）


三浦さんはキジトラの猫を一匹飼っている。

名前は〈ぬこ〉という。

どんなに仕事でストレスを抱えても、家に帰ってからの癒しが彼女の救いだった。

ある日のこと、帰宅してからの彼女はいつものようにぬこと遊んでいた。

ぬこは猫じゃらしが大好きなので、夢中になってじゃれついてくる。

「もーう、危ないってばー」

上手にあしらいながら、ぬこの可愛い仕草を堪能していると、突然ぬこの尻尾が膨れ上がった。

『ふぅーーーー、しゃーーーーー』

滅多に聞くことのない威嚇の声に、三浦さんは驚く。

ぬこの威嚇の対象は猫じゃらしではなく、部屋の隅にあるゴミ箱を見ているようだ。

「な、何？　怖いってば……」

彼女は独り暮らしである為、誰かの気配に反応したとは考えられない。

「ねぇ、ぬこ。止めて、ねぇ、怖いって」

ぬこに話し掛けながらも、視線はゴミ箱のほうをどうしても見てしまう。

『カタンッ……』

すると突然、ゴミ箱の陰から、乾いた物音が響いた。

ごくりと唾を飲み、全神経をゴミ箱に集中させる。

『ミャア！』

ぬこの声ではない、か細い鳴き声が確かにゴミ箱のほうから聞こえた。

「誰！　何なのよー！」

三浦さんの悲鳴に似た叫びに反応するように、ゴミ箱の陰から一匹の子猫が飛び出してきた。

一瞬唖然とするが、元来猫好きである三浦さんは別の感情が湧き上がる。

（やだ、めっちゃ可愛い）

「おいでおいで」

猫じゃらしを揺すり、子猫の興味を惹こうとする。

その子猫はキジトラ柄で、ぬこよりは二回り以上も小さい。

先程まで威嚇していたぬこも穏やかになり、子猫と三浦さんのやりとりを眺めているようであった。

「あなた、何処からきたのかなぁ？　迷子なのかなぁ？」

そう言いながら手を差し伸べると違和感を覚えた。

触れようとした彼女の手が擦り抜けたのである。

（え？）

何かの間違いだろうと、何度も触ろうとするが、毛先に触れることすら叶わない。

（そうか……きっとあなたは前の住人が飼ってた子なのね。ここで死んだんだ……）

幽霊やお化けなどは大の苦手であるが、猫であるなら話は別である。

可哀想にと思う気持ちと、愛らしいと思う気持ちで怖さなどは全く感じなかった。

その日は夜遅くまで、猫じゃらしで遊んであげて、次の日の仕事に備えて寝ることにした。

「ぬこ、寂しいだろうから一緒に寝てあげてね。明日、帰ってきたら私も一緒に遊ぶから」

翌日、目が覚めると子猫の姿は消えていた。

きっと満足して成仏したのだろうと、優しい気持ちになる。

穏やかな気分のままシャワーを浴びて、化粧をし、仕事への準備を整える。

「じゃあ、ぬこ、行ってくるね。お留守番をお願いね」

アパートのドアを開けて、一歩踏み出そうとした彼女は固まる。

そして一瞬の間を置き、とても大きな悲鳴を上げた。

視線の先、私有地のところで一羽の鴉《からす》が何かを啄《ついば》んでいた。

血や肉片の合間から見える所々の毛並みと大きさから、昨日現れた子猫だと気付くのに時間は掛からなかったという。

ある葬儀

（爾志郡乙部町）


三浦さんの元に、実家の姉から連絡が入った。

「母親が、もうそろそろヤバイ」と。

彼の母親は三年前に癌《がん》が見つかっていた。

その時点でリンパ節から骨まで転移していたため、長くはないと伝えられていた。

しかし現代医学の治療方法が身体に合ったのか、半年ほどで退院し、自宅療養で薬を飲みつつ、月に一度の診察で済むほどに回復を見せた。

その母親の容態が悪化しているという。

三浦さんは知らなかったのだが、既に三カ月前には入院をしていた。

心配をさせまいとする家族の思いやりだったのだろうが、突然の話に三浦さんは酷く動揺する。

数日後の公休日に、とんぼ返りで田舎に帰省した。

姉とともに訪れた病室のベッドの上の母親はいびきをかいていた。

彼の呼び掛けには一切の反応を示さず、ただただ眠り続けている。

「モルヒネ入れてるから、意識が朦朧《もうろう》としてるのよ」

寝ている母親だが、時折顔を歪めていた。

(ああ、こんな状態なのか……)

想像以上の光景に愕然とする三浦さんであった。

そこへノックとともに看護師が現れた。

「すみません、先生からお話があるので、こちらへ来てもらえますか?」

部屋に通された三浦姉弟は嫌な予感に苛まれた。

改まってお話という時点で、最悪の展開ばかりが頭を過っていた。

「実は痛みがあまり取れていないようで。今もモルヒネの他に全身麻酔で使う薬を少量投与しているんですよ。でも、痛がる顔をしているでしょ? だから、その薬の量を増やしていくしかないんですよね」

医者からの説明は三浦さんを追い込んでいく。

既に骨が溶けた右腕には支柱が入っているという。

また、頭蓋骨も溶けた為、瘤《こぶ》は合計で四つもできているらしい。

「まあ、コロナもありますが……こんな容態ですから、近くに住んでいる親族だけは見舞いに来てもいいですよ」

それは最後通告と同じであった。

横を見ると、姉は大粒の涙を零している。

三浦さんも泣きたかった。

が、長男としての責務がある。

自分がしっかりしないと、と必死に堪え続けた。

その後、僅かな時間なら、もう一度顔を見てもいいと言われた。

手を握り話し掛けるが、母親は一切気付いていないようであった。

面会時間が終わり、病院を後にする。

(またすぐに来ることになりそうだな……)

そう思いながら、自らの生活地域へ車を走らせた。


それから毎日、落ち着かない日々を過ごす。

夜も熟睡はできず、いつ田舎からの知らせが入るのかと常に携帯を気にしている有様であった。

前回の帰省から二週間足らずの深夜、三浦さんの携帯が震えた。

「ああ、分かった」

病院からの連絡を受けた姉は、駆け付けようとしているという。

ただ、間に合わないかも、とだけ伝えると早急に電話を切った。

それから十分足らずで、また姉から電話が入る。

間に合わなかった。気を付けて帰ってこい。

それだけで通話は終わった。

三浦さんも準備を整えると、田舎に向かって車を走らせた。


コロナ禍の折、葬儀は家族葬で行うことにした。

三浦さんが駆け付けたのも、一軒家のような家族葬会場であった。

そこの代表や社員と簡単な挨拶を済ませる。

「ここは自分の家だと思って、お母さんとのお別れをゆっくりしてくださいね。お風呂もシャワーもありますし、葬儀の時間以外は寝転がろうと構いません。社員も私も、ある程度の時間でいなくなりますから。家族だけでゆっくりとした時間を過ごせるのが、ここの一番の利点ですから」

三浦さんは丁重に頭を下げると、母親の元へ移動した。

腰を下ろし、顔に掛けられた布を捲る。

病室で見た母親の顔は酷く浮腫《むく》んでいたが、今はそれが大分解消されていた。

ただ顔色はクリーム色っぽく黄ばみが強い。

薬の影響だろうか、と考えると同時に、一気に悲しみが襲ってきた。

「馬鹿……。親父より長生きするって言ってたじゃねぇか……」

三浦さんの父親は、現在介護施設に入所している。

認知症が酷く、母親の死すら理解できなかった。

何も言わぬ顔を眺め続けていると、後悔だけが押し寄せてくる。

「散々好き勝手に生きてきたのに、何一つ文句も言わなかったよな」

便りがないのは元気な証拠、と言い続け、敢えて母親から三浦さんに連絡をしてくることもなかった。

病気のことも余計な心配を掛ける必要はない、と姉に口止めをしていたらしい。

何一つ親孝行をしないまま、逝かせてしまった。

その思いが、抑え込んでいた感情を振り切らせた。

ボロボロと涙を零しながら謝罪をする。

「ほん……とうに、わる……かった。つらかった……よな、がんばった……なぁ。ごめん……。ごめんなさい……」

そのとき、母親の閉じたままの目と口が動いたような気がした。

（え？）

泣いている所為で、目の錯覚を起こしたのだろうか。

まじまじと母親の顔を見つめる。

――いや、動いてる。

閉じた目尻はピクピクと動き、口角も上下していた。

「何だ？　何か言いたいことがあるのか？」

彼は母親の顔へ耳を近付け、言葉を待ち望んだ。

「あ、すみません。この後の流れの説明をさせて頂きたいと……」

そのタイミングで屛風の陰から、葬儀社の代表が覗き込み、声を掛けてきた。

「あ、はい。今行きます」

立ち上がりながら、母親の顔を見ると、もう動いてはいなかった。

疲れや動揺でそう見えたのだろうか？

そんなことを考えながら、説明を受けていた。

後一時間程で納棺。夜にはお通夜で明日の午前には葬儀、そのまま火葬まで執り行うことになった。

火葬場から戻ると取り越し法要が行われ、夕方には一通りの流れが終わる。

結構タイトなスケジュールである。そこへ、近くに住む叔母が駆け付けた。

母親の兄弟からの供物や香典などについて色々と話し、遠方に住んでいることから葬儀には参列できないという説明を受けた。

「まあ、今は時節柄みんな無理できないから。来られる人だけで、見送ってあげよう」

皆でそう納得すると、納棺の時間になった。

葬儀社の社員が、説明をしながら湯灌《ゆかん》を行う。

ちょうどそのタイミングで、地震が起こった。

結構な揺れを感じたので姉がスマホで調べたところ、震度3だったらしい。

ただ、死に装束に着替えさせている社員だけは気付いていなかった。

「えっ？　揺れてます？」

三浦さんとしては、そこまで集中していてくれたのだと思い、ありがたい気持ちで一杯になる。

「えー、この後、棺に納めますので、これが最後です。最後に皆さんで、手と足を順番に綿花で拭いてあげてください」

その言葉に、何とも言えない感情が押し寄せる。

最初に姉が綿花で手と足を拭いていく。

次に三浦さんが優しく母親の左手に触れ、「ありがとう、頑張ったな」と言いながら綿花で拭いていた。そのとき――。

――母親の指が力強く動いた。

もう動かぬ母親の左手を包むように、三浦さんの左手が下から支えていた。

右手は上から綿花で拭いていたのだ。

その三浦さんの左手が、グイグイッと指で押されたのである。

一瞬動揺するが、葬儀社の人もいるので迂闊《うかつ》なことは言えない。

ただ、確かめよう、感じよう、という思いに押され、母親の左手を包むように握った。

――グイグイ……。

間違いない、動いている。

慌てて横にいた姉のほうを見るが、三浦さんの意図は伝わらない。

いつまでも自分一人で時間を掛ける訳にもいかず、頃合いを見計らい母親の手を離した。

その後、もしかしたら足も動くのではと思いながら綿花で拭き上げていくが、足のほうは何の反応も示してはくれなかった。

滞りなく母親は棺に納められ、その後は葬儀の段取りや打ち合わせもあって、姉とも会話ができなかった。

夜、漸く一息吐けるタイミングで、姉に母親の手が動いたことを話した。

三浦さんが霊感のようなものを持っていることを知っている姉は、別段驚きはしなかった。

ただ、叔母の一言で、姉弟の間では確信に変わる。

「そうだよなぁ！　だって、あたしも納棺のときに、姉ちゃんの顔が動いていたようにずっと見えてたもん！　みんな気付いてるのかな、って思ってたけど、誰も何も言わないから、見間違いかなんかだと思ったんだけど、やっぱり動いていたんだよ!!」

叔母は、最後に三浦さんが来てくれたことが嬉しかったんだ、だから、ありがとうって手を握ろうとしてたんだ、と言い張る。

姉もその意見に同意し、良かったな、と頬を緩ませた。

当の三浦さんは、嬉しい反面、何処か釈然とはしない。

やはり伝えたいことがあるんだ。

だったら、俺に霊感があるというのなら分かり易く伝えてくれ。

夢でも何でもいいから、とにかく教えてくれ。

そう願い続けたが、葬儀が完全に終了するまで、母親からのメッセージは届かなかった。

「まだ諦めた訳じゃないし、いつでもいいから教えてくれとは願っているんです」

ただ、現在に至って、その願いは叶えられてはいない。

それだけの話です、と三浦さんは言うのだが、遺族との別れの際には奇跡のようなものが起きてもおかしくはない。

それが優しいものであってほしい、と願わずにはいられない。

ある少女

（砂川市晴見・札幌市清田区）


井上さんには五歳離れた兄がいる。

両親とともに、極々普通の家庭で暮らしてきた。

物心が付いたある日のこと、何でもない話の中から、姉が一人いたことを聞かされた。

「トイレに行ったらおかしいってなってなぁ。すぐに婆さんを呼んだら、いいから出ていけ、ってなって全部やってくれたんだわぁ」

所謂《いわゆる》、流産である。

母親のショックはとても大きく、当時のことはあまり記憶にないらしい。

今は亡き祖母が走り回って、バスタオルの上に息をしていない未熟な赤子を救いあげた。

母親は病院へ運ばれ、その間に必要な手続きや報告を祖母がやり切ったという。

「怖い婆さんだったけどな、そこは本当に感謝してるんだわ。何も文句も言わなかったし、言葉は悪いんだけど色々と慰めてくれたんだろうし……」

水子という存在がいるとは聞かされても、まだまだ幼い井上さんではその意味が理解できなかった。

（お姉ちゃん、死んじゃったんだ）

「ちゃんと供養してやらんといけないんだろうけど、当時は婆さんにも反対されたしな。まあ、後で頃合いを見て、仏壇に入れてやるわぁ」

祖母は全てをなかったこととして、日常を取り戻させようとしたのだろう。

しかしその優しさは、彼女の母親にある種の罪悪感を植え付けてしまったのかもしれない。

母親は幼い子供達に話す内容ではないとは理解していた。

それは分かっているが、ふとしたタイミングで堰《せき》を切ったように想いが溢れてしまう。

井上さんはそんな母親の姿を見て、自分や兄に対する愛情と同じ気持ちをお姉さんにも持っているんだなぁと漠然と感じた。


それから一週間が過ぎた。

既に井上さんはその話自体をすっかり忘れていた。

自室でお絵かきをしていると、何処からか視線のようなものを感じた。

どうせ兄だろうと無視して、集中して絵を描き続けていた。

（うん、上手）

我ながら上出来の仕上がりに、誰かに見せたい気持ちになる。

「ねえ、お兄ちゃん、見て！」

絵を広げながら振り返るが、背後には誰もいなかった。

（あれ？）

おかしいなとは思うのだが、絵を見せたい衝動のほうが強い為、階下に降りて台所へ向かった。

「お母さん、見て！」

「あー、よく描けたねぇ」

褒められると嬉しさが倍増する。

次に兄にも褒めてもらおうと、家中を探し回る。

「お兄ちゃーん、どこー？」

兄の部屋にはいない。両親の部屋、トイレと探すが、やはりいない。

「お兄ちゃんてばーー‼」

和室を開けると、部屋の隅に女の子が立っていた。

恐らく小学生くらいだろう。

「あ、こんにちは」

その少女は返事をしない。

「えーと、お兄ちゃん見なかった？」

少女は無言で首を振るだけである。

「そっかー、どこ行ったのかなー？　じゃあねー」

また井上さんは兄を探しに部屋を出た。

庭でバットの素振りをしている兄を見つけたのは、結構後になってからであった。


「当時は何とも思わなかったんです。普通、と思ったというか、なんて言うんですかねぇ、家族に接してる感じで、怖いなんて全く思いませんでしたし」

その少女に次に会うことになるのは、三年くらいの月日が経った後だった。


小学校から帰宅した井上さんは机に向かって宿題をやっていた。

（うーん、分かんない……）

答えを兄に聞こうとしたが、まだ学校から帰ってきていないようだ。

もしかしたら、そのまま遊びに出掛けている可能性もある。

（お母さんも買い物でいないし……）

解けるとは思えないが、問題を前にウンウンと悩み続ける。

そのとき、井上さんの肩越しに、誰かが覗き込んできた。

顔を向けると、あの少女が問題を見つめている。

「うわっ、びっくりしたー」

その声に反応するように、少女はにこりと笑った。

「これ、分かる？」

少女は悲しそうな顔をすると、首を横に振った。

「そうだよね、難しいもんね」

井上さん的には、悲しそうな顔をさせてしまったことにいたたまれなくなる。

「あ、じゃあ、お人形さん遊びをしようか！」

宿題は後で兄に聞けばいいと考えた。

それよりも、この空気を早く変えたいと子供心に思ったのである。

お人形を使ってままごと遊びをしていると、本当に楽しかった。

井上さんは声に出して大笑いするし、少女も満面の笑みで返してくれる。

いつまでもこの時間が続けばいいのに、と願っていた。

「ただいまー」

階下から帰宅した兄の声が聞こえた。

「あっ、お兄ちゃんが帰ってきたよ。えっ？　あれー？」

兄の声に反応し、一瞬だけ目を離した隙に、少女はいなくなっていた。

部屋中、何処を探しても見当たらない。

バタバタと少女を探し回っていると、兄が部屋に顔を出した。

「あんま走り回るなよ。母さんに怒られるぞ」

「え、違うの。あの子がいないの」

「友達来てたのか？」

「そうじゃないけど、いないの。帰ったのかなぁ？」

「ふーん」

兄は特に興味がないようで、足早に自室へ入っていく。

「あっ、お兄ちゃん、宿題が分かんないのー」

そうしているうちに、また少女のことは忘れてしまった。


それから十数年、年月は流れた。

井上さんは大学へ通う為に独り暮らしをしていた。

仕送りだけでは生活が苦しいので、近くの居酒屋でバイトもしていた。
そのバイトがある日は、いつも日付が変わった頃に帰宅する。
「はぁー、疲れた……」
床にゴロンと横になり、大きく伸びをする。
少しの間、そうしていないと次の動きが取れないようになっていた。
「ふう……いい加減、風呂に入らなきゃ……」
湯船にお湯を溜めている間に、洗濯機を回す。
手抜き御飯の準備も手際よく進めておく。
「あ、お湯お湯……」
ちょうど良いタイミングでお湯に浸かると、暫くは脱力し続けた。
(いい加減、出ないとなぁ……)
全身を洗い流し、さっぱりとした気持ちで浴室から出る。
そしてそのまま立ち竦《すく》んでしまった。
――目の前には一人の少女が立っていたのだ。
頭の中が混乱して状況が理解できない。単純にいえば不審者である。
しかし記憶の奥底から、何かが井上さんに訴えかけてくる。

不必要に怖がる存在ではないと分かっているのだが、それをよく思い出せない為、余計に混乱した。

「き、ゃ～あ、あ、あ？」

間の抜けたような悲鳴を出したのも、冷静になろうとした結果だろう。

(何処かで見覚えのある赤いスカート……。薄手の白いシャツ……)

少女の顔にも見覚えがある。

パッチリと開かれた目は少し寂しそうにも見えた。

「あっ‼」

漸く記憶が戻った。

子供の頃に見た、あの少女だと。

そこで疑問が湧き起こる。

この子の年齢に当時から変化はないようだ、と。

(所謂、お化け？)

その少女は抱きしめてもらいたいと願うように、両手を広げてきた。

何故か井上さんは何の躊躇《ためら》いもなく受け入れる。

少女を抱き寄せると、寂しい、嬉しい、楽しい、温かい等々の色々な感情が流れ込んできた。
また、頭の中では、幼い頃からの家族の姿が走馬灯のように切り替わっていく。
「お姉……ちゃん……なの？」
そう口に出した瞬間、抱きしめていた筈の腕は少女を擦り抜ける。
少女の身体は霧のように宙に溶けてなくなっていった。
暫くの間は呆然としていたが、冷静さを取り戻してくると、感情が昂《たかぶ》る。
「あたし……馬鹿だ。本当に……馬鹿だ……。ごめん……ね、お姉ちゃん……」
ボロボロと涙を零しながら、心から反省する。
どうして幼い頃の自分は、少女のことを不思議に思わなかったのか。
楽しく遊んだのに、簡単に忘れ去ってしまったのか。
母親からの話も聞いていた。その想いも知っていた。
それなのに、自分のことで精一杯で存在を完全に忘れ去っていた。

翌日、完全に泣き腫らした目で目覚めた。
とても大学に行けるような顔でもないので、家でゆっくりすることにした。
いや、それはあくまでも建前で、母親に電話をしようか迷っていたのだ。

信じてもらえないかもしれない。でも、伝えなきゃいけない。

少女が出てきた理由などは分からないが、母親にはそれを知る権利があるように思えたのだ。

コーヒーを用意し、一息入れてから実家に電話を掛ける。

「もしもし、あのね。信じてもらえないかもしれないけどね……」

母親は井上さんの話を一通り黙って聞いていた。

「お姉ちゃん……何を伝えたくて出てきたのかなぁ？」

「うーん、そこは分かんないけど、会いたかったんじゃないかぁ？　単純に」

「それなら、お母さんにだって会いに行ったらいいじゃん。見たことないんでしょ？」

「うん、出てくれないわなぁ。来てるのかもしれないけど、鈍感で分かんないのかもしれないなぁ」

母親は井上さんの話を楽しそうに聞いていた。

そして、姉の名前を教えてくれた。

「あんたが紗季だろ？　で、兄ちゃんの真也からも一文字ずつ取って、真季って付けてるんだ。忘れないように、って」

戸籍上、姉には名前が付けられてはいない。

母親の水子に対する思いが、そうさせたのだろう。

「まあでも、もしまた来たら、優しくしてやって頂戴。あんたの姉さんなんだから、きっと悪いようにはしないさ。で、偶には母さんのとこにも行ってあげて、って伝えといて」

母親は話に満足したようで、

「しっかしまぁ、まさかあんたもそういうことを言うとはねぇ。真也も言ってたから、やっぱ兄弟って、そういうのがあるんだねー。じゃあね」

「え？　はい？　もしもし！　もしもし！」

気の早い母親は既に電話を切ってしまっていた。

電話を掛け直して話を聞くことも考えたが、ある種マイペースな田舎の母親なので、話の要点を踏まえて話せない可能性のほうが高い。

少し考えた結果、夜になってから、兄へ電話を掛けてきちんと話を聞くのが正しいように思われた。


「もしもし、元気？」

妹からの突然の電話に、兄は面喰らっていたようだ。

「何だよ、金ならないぞ」

「馬鹿！　そうじゃなくて！　……あたしの他に妹がいたことを知ってたの？」

「ああ、まあな……」

「で、見たことがあるんだって？　会ったことがあるっぽいことをお母さんが言ってた」

「うーん、まぁ……」

最初は言葉を濁し気味だったが、井上さんも見たことを説明すると、徐々に話をしてくれた。

兄と亡き妹の歳は二歳離れているという。

正直なところ、幼い頃に見た記憶は本人の中には残っていないらしい。

ただ母親の話によると、何もない所を指差しては、誰かもう一人がいるような感じでケラケラとよく笑っていたそうだ。

小学校に入ると、井上さん——妹の存在を意識するようになった。

そして、それとは別に部屋の隅にいるもう一人の女の子のことが気にはなっていた。

「母さんにも親父にも話したんだけど、何処にもいないいって言ってさ」

それからは見て見ぬふり、存在を認めないように過ごしていたという。

別に少女のほうから兄の元へ近付いてくることはなかった。

ただ、遠巻きに見る少女の顔は、寂しそうに見えていたそうだ。

記憶は曖昧だが、多分、三カ月も保たなかったという。

徐々にその少女から色は失われ、ある日、学校から帰ると、完全にいなくなっていた。

「お前が大きくなっていく途中でな、あっ、て思うことが増えていったんだ」

兄の目から見て、その少女と井上さんの顔はよく似ていたという。

「で、不思議なんだよな。お前がお気に入りだったスカートがあったじゃん。あれをその子は穿いていたんだよ」

(スカート……)

「もしかして、赤いスカート？」

「そう、お前、いつもそれを穿こうとして、よく母さんに怒られていたじゃん。またそれなの、って」

井上さんの中では、そのことをすっかり忘れていた。

「あのスカートってお姉ちゃんの物だったの？」

「そんな訳ないだろ。お前の服だよ。だから不思議だって言ってんの」

兄が高校生になった頃、何かの折に、母親にそのことを話したそうだ。

そう……と一言だけ告げた母親の顔は幸せそうだったという。

「結局、それからは見てないんだわ。でも、多分、あれはお前の姉さんだ。母さんもそう思ってる。たぶんそう思う」
電話を切った後、井上さんは複雑な想いに駆られる。
姉と皆が認識していることは素直に嬉しい。
その一方、ある程度の歳で成長が止まっているらしい。
服だって、お下がりという訳ではないが、井上さんの物を着ている。
別に井上さんが裕福な暮らしをしている訳ではない。
それでも、生きてさえいれば、色々と楽しい生活ができたのではないか。
そんなことを考えていると、また涙が零れ落ちた。
『大丈夫……。ありが……とう……』
何処からか、そんな声が聞こえたような気がする。
反射的に部屋の天井を見るが、特に何も見えないし感じない。
——ただそれが、全ての最後の挨拶のような気がした。

「あれから、お姉ちゃんに会うことはできていません。声も姿も見せてくれないので、成仏したってことなんでしょうか?」
現在、井上さん(旧姓)は二十六歳になる。

昨年籍も入れ、お腹には新たな命も宿っている。

「そんなことはない、って言われるかもしれませんが、もしかしたらという可能性は捨ててないんです。私の好きな言葉で、【奇跡は願わないと叶わない】というのがあるので、ついつい願っています」

そう言いながら、彼女は優しくお腹を撫でる。

神々しいような彼女のその姿を見て思う。

願いはきっと叶うのだろう。

煙草

（札幌市厚別区）

小藪さんは二十年以上の喫煙歴がある。
最初は抱えたストレスを誤魔化す為に始めた煙草なのだが、今では日常の一部となっており、欠かすことのできない習慣だ。

ある日のこと、居間で一服していた。
ボーッとしながらの喫煙に特に理由などはない。
口寂しさから、続けざまにもう一本に火を点けた。
吐き出す煙はゆっくりと漂い消えていく。
（今日の晩飯、何食おうかなぁ……）
そんなどうでもいいことを考えながら、また煙を吐く。
その白い煙は彼の顔の前で漂いつつ、霧散せずに色濃さを増していく。
そしてそのまま人の顔のような輪郭と、凹凸を描き始めた。
（じ、爺ちゃん？）

何処からどう見ても、数年前に他界した祖父の顔であった。

煙が宙に形を保持していることも理解できないが、どうして亡き祖父の顔を作り出しているのかが分からない。

唖然として祖父の顔を見続けていると、煙の口の部分が動きだした。

『病院へ行って検査を受けなさい』

聞き間違うことのない、祖父の声であった。

「えっ？　何？　どうして？」

その問いに答えることもなく、祖父の顔は崩れていき、煙となって姿を消した。

白昼夢でも見ていたのだろうか。

しかし、夢と思うには、余りにもはっきりと耳に残っていた。


数日後、小藪さんは検査を受ける。

自覚はないが、肺に影のようなものが見える為、再検査が必要だと言われた。

「祖父は肺がんで亡くなったんですよ。一切、煙草は吸わない人でしたけどね」

結局、小藪さんは初期の肺がんと診断を受けた。

現在も闘病中だが、日常習慣になっていた喫煙行為は完全に辞めることはできないでいる。

「やっぱイライラしちゃうんですよ。……まあ、何処かでまた爺ちゃんが姿を見せてくれて、何かを伝えてくれるんじゃないか、って気持ちもあるんですが……」

しかしその後、彼の祖父は現れてはくれないままである。

ペンとメモ

（札幌市中央区）

ある日のこと。大阪さんが目を覚ますと、枕元に一本のボールペンが落ちていた。
見覚えのない三色ペンであった為、首を傾げる。
記憶にはないのだが、職場から持ち帰ってきたのかもしれない。
昨日の帰宅時にスーツを脱いだ際、転がり落ちたのだろうと考えるのが自然だった。
そのボールペンを何の気なしにテーブルの上に置き、出勤した。

翌朝目覚めると、枕元に小さなメモ帳が落ちていた。
やはり見覚えのない物である。
職場の備品でメモ帳などはないし、誰かが使っているところなども見たことはない。
一応、何が書かれているのかと、中を確認してみる。
乱雑な文字で何かが書かれてはいるが、判読は不可能であった。
精々確認できたのは、歪《いびつ》な数字の【4、3、5、2、0、0】だけである。
その数字の4は赤色で書かれ、3は青色、残りは黒色であった。

この理由は全くの不明だが、色で書き分けていることから、昨日の三色ボールペンで書かれた物のような気がした。

恐らく、メモ帳とボールペンの持ち主は同じ人なんだろう。

しかし、それをどうして自分が持ってきてしまったのかが全然分からない。

(そういえば、昨日のボールペンは……)

置いた筈のテーブルの上を探しても、何処にも見当たらない。

(参ったなぁ。でも、メモ帳だけでも返さなきゃなぁ)

明日、職場で聞いてみようと考え、スーツのポケットに仕舞い込んだ。


翌日、職場でメモ帳のことを従業員に訊ねてみた。

ところが誰一人、自分の物だという人は見つからなかった。

(おかしいなぁ。じゃあ、これ、どうしよう)

ポケットに手を入れてみると、メモ帳が見当たらない。

勿論、穴などが開いている訳でもなく、懐が広いポケットから落としてしまったとは考えにくかった。

(どうしよう、と言ってもどうしようもないなぁ……)

結局、ボールペンとメモ帳のことは忘れることにした。

それから一週間後の朝、大阪さんの枕元に、またメモ帳が転がっていた。中を確認すると、前回に見た内容は何処にも見当たらず、新たな文字が記されていた。

【孝〇〇病〇〇〇院〇〇至〇〇〇死〇】（注：〇の部分は判読不能）

孝とは大阪さんの名前である。

死という文字だけが赤い色で、被せるように三重に書き殴られていた。

文脈の繋がりなどは分からないが、読める文字だけを関連付けると、大阪さんが病気や入院などをして死に至るという意味合いに思えた。

ゾッとする一方、不謹慎な内容を書き込んだ者に対して、怒りが湧き上がる。

（誰だよ。絶対に見つけ出してやる）

状況を精査すると、大阪さんが気付かないうちに、誰かがスーツのポケットなどにメモ帳を忍び込ませたのだろう。

寝室の奥がクローゼットになっている為、スーツを着替える際に落ちたとしか思えない。

偶々、朝に気付いただけで、場合によっては昨夜のうちに見つけていた可能性だってある。

苛つきながらも、コーヒーを淹《い》れる。

一口飲むと、大きく息を吐いた。

（さて、どうやって見つけ出してやろうか……）

誘導する内容を本気で考える。

真剣に考えていたが、ふと横に人の気配を感じた。

視線をそちらにやると、いつの間にか見知らぬ男が立っている。

「えっ、ええっ！」

大阪さんは思わず声を上げたが、その男は厭らしくニタリと笑ってその姿を消した。

見間違いなどではなかった。全身の毛が逆立っている。

暫くの間呆然としていたが、突如腹部に猛烈な痛みを感じ、それどころではなくなった。

救急に連絡を取り、駆け付けた救急隊員を出迎えたところで安堵し、意識を失った。


それから半年ほど、大阪さんは入院生活を送る。

痛みの原因は臓器の潰瘍であったが、他の部位でも異常が見つかった為、検査と治療で時間を費やした。

「職場には週に二日ほど出勤しています。勤務時間も短縮してもらって、結構配慮していただいてる状態でして……」

大阪さんはメモ帳の犯人は職場の人ではない、と考えている。
あの奇妙な男が現れた後に、病院へ搬送された。
漸く退院してきたときには、メモ帳はなくなっていた。
そして病気、入院という結果が、メモの内容に符合しているように思えた。
「またもう少しで、入院しなきゃならないんですよ」
その病名は教えてはもらえなかったが、長い闘病生活になるらしい。

実は彼がこの話をしてくれたのには理由がある。
呪いのようなものであれば、世間に広まることで薄れるのではないか。
そうすれば、病気に打ち勝って戻ってこられるのではないか、と。
……少しでも彼の力になれれば、と思っている。

ノック

（札幌市西区）

正直な話をすると、何が始まりだったのかは分かっていないという。
それでも菅さんの意識では、これがきっかけだったと思っている。

ある日の深夜、何かの物音で目が覚めた。
半分、寝惚けながら耳を澄ませると、寝室のドアをノックされているような気がする。
独り暮らしの為、そんなことはあり得ないとそのまま眠りに就いた。
翌朝、目が覚めてから一応一通り確認をしてみても、部屋の何処にも変化はない。
やはり寝惚けていただけだった、とそのときは気にもしなかった。

それから一カ月くらいが過ぎた。
夕食を食べているとインターホンのチャイムが鳴った。
続けざまに、ドアを叩いている音もする。
（うるっせーな、何だよ）

インターホンのモニターで確認するが、誰の姿も映ってはいない。
しかし、ドアをノックする音は続いている。
「うるせーな、誰だよ！」
てっきり悪友の誰かが悪戯しているのだろうと思った。
しかし、勢いよく開かれたドアの先には誰もいなかった。
（マサオか？　いや、シンジかもしれないよなぁ？）
どうせすぐにネタ晴らしの電話が掛かってくると思い、夕食の続きを摂り始める。
間もなく、スマホの着信音が鳴った。
画面の表示を見ると、悪友からのものではなく、実家からであった。
「もしもし、どした？」
それは田舎に住む、叔母の死を伝えるものであった。
そもそも菅さんはあまり親戚付き合いをしてきた訳ではない。
仕事があるからという建前で、葬儀やしがらみを母親に押し付けて電話を切った。
（ふーん、あの叔母さんが亡くなったんだ……）
悪い印象を持ってはいなかったが、堅苦しい親族とは微妙な距離を保ってきた。
悲しみという程の感情は持ち合わせてはいないものの、それでもやはり、何処か虚しいような妙な気持ちになる。

そのことで頭が一杯になり、玄関先に来た人のことなどはすっかり忘れ去ってしまった。


更に一週間後、オフィスのドアがノックされた。

ちょうど昼時で、菅さんと課長以外は、皆食事に出掛けていた。

「はーい、どうぞ」

少し離れた席から菅さんが呼び掛けるが、ノックは続いている。

菅さんの声が聞こえていないのだろうか？

課長も顎をクイッと動かし、出迎えるように指示を出す。

「はーい、どうぞ」

再度、声を掛けながらドアを開ける。

しかし、開かれた通路の先には誰もいなかった。

「おい、菅。お客様をお通しして！」

課長はそう言うのだが、案内すべき人がいない。

「いや、誰もいないっす」

「そんな訳ないだろ……」

課長もドアの前まで来るが、人気がないことに気付いて固まる。

「なぁ、誰かノックしてたよな。しつこい位にしてたよな」

「そう思ったんですけどねぇ」

そのとき、二人のスマホに着信があった。

それぞれ電話に出るが、お互いに驚いた声を上げた後、静かに電話を切った。

「あのな……」「今ですね……」

同時に言葉を発し、そしてお互いに譲り合う。

課長の父親が突然亡くなったという。

また、菅さんの母親も亡くなっていた。

菅さんはそのまま帰宅を許され、課長は仕事の引き継ぎを終えてから田舎に帰省したらしい。


母親の葬儀が無事終わり、徐々に日常を取り戻し始めていた。

落ち着きを取り戻してくると、あのノックのことが気になる。

これまでの事例から、菅さんなりの答えを導きだそうとしていた。

ノックが起きても誰もいない。

そして、その直後に死を知らせる連絡が来る。

唯一、除外される件は、寝ていて反応を示さなかったとき。

もしかしたら、そのときもドアを開けていたら、不幸が舞い込んでいたのかもしれない。

そう考える一方、偶然が重なっただけのようにも思える。

叔母とは親しい間柄ではなかったし、実質的な身内というのは母親だけである。

課長の父親は高齢だったとも聞いているので、全てを結び付けるのは現実的ではないように思えた。

(オカルトかよ、って話だもんな。大体、俺の周りで変な体験した奴なんて、誰もいないじゃん。こういうのって、ビビった奴があれの所為だって騒ぐから、そう思えるって話なんだよ)

菅さんはこう結論付け、気にしないようにしていこうと決めた。


母親の死から半年が過ぎた。

その頃の菅さんは取引先の大量発注から仕事に追われ、残業する日々を送っていた。

不景気な世の中ではあるが、どうやら取引先は潤っているらしい。

理不尽さも感じるが、会社としては悪くはない。

課長もここが攻め時だとばかり、営業部門には発破を掛けまくり、菅さんのようなデスクワーク作業員にはミスがないようにと目を光らせる。

「いいか菅、会社の実績は、結果的にお前の評価になるんだ。会社の売り上げは、お前の給料になって返ってくるんだ」

そうは言われても、自分ばかりが残業を続けるのはやはり納得がいかない。

課長は遅くても二十時を過ぎると早々に帰ってしまう。

(やっぱ納得いかないわー)

その日も、二十三時を回ろうとしていた。

新規取り引き内容の入力に結構な時間を費やしていた。

社内の色々なデータにすぐさま反映できるように設定をし直すことが、何よりも大変な作業であったのだ。

(新しい物ばかり要求するなって話だよな。それも一遍に頼んでくるから、こっちにしわ寄せがくるんだって話だわ)

ぶつぶつ文句を言いながら、パソコンに向かい続ける。

——コン、コンッ……。

静まり返るフロアーにノックが響く。

一瞬、ドキリとするが、すぐさまドアは開けられ、警備員が入ってきた。

「お疲れ様です、定時巡回の時間です」

菅さんはそういうものが社内にあったのか、と初めて認識した。

これまでの残業時には帰宅時間が早かったからか遭遇しておらず、普段は話したこともない警備員とのやりとりに、少し動揺した。

「お、お疲れ様です」

「えー、それで、本日の終業予定は何時になりますか？」

「はい？　シューギョーヨテイ？」

「帰社時間です」

「キシャジカン……。ああ、帰る時間ね。……えーと後、三十分くらいかな？」

「畏《かしこ》まりました。それでは退社時に、受付の警備員に一声を掛けてください」

「ああ、はい。そうします」

これまでは受付の前を過ぎるときに、警備員には軽い会釈をするだけであった。

（なるほど、変に遅くまで残ってる社員は、ある意味で監視されているんだな）

そんなことを考えながら、キーボードを叩いていた。

――コンコンッ。

またノックが響いた。

「はーい」

また警備員だと思い、返事をする。

――コンコン。……コンコン、コンコン、ココココ、ココココココ……。

そのノック音を聞き、一瞬で全身の毛が逆立った。

異常な程に連打するノックは、やがて力強さを増していく。

……ドドドド、ダダダダダダッ。ドダダダダダダ。

「どうかしましたか⁉」

ドアの向こうから遠い声が聞こえてきた。

「大丈夫ですか？」

徐々に近付いてくる声から察するに、先程の警備員が異常な音に気付いて駆け寄ってきているのだろう。

「あー、こちらは大丈夫なんですが……」

返事が終わらぬうちに、勢いよくドアは開かれた。

「え？　あれ？」

警備員はドアの周りをキョロキョロと見ている。

菅さんはというと、ドアからは少し離れたデスクにいるので、微妙な空気が流れる。

「今、ドアを思いっきり叩いていましたよね？　不審者ですか？　何処かに隠れていますか？」

既に警棒を片手に構えている警備員は、緊張感を醸し出しながら訊ねてくる。

「いやー、多分、そっち側だと思うんです」

「そっち側って何処ですか？　何処に隠れていますか？」

「いや、そうじゃなくて、ドアの反対。警備員さんが来たほうから叩かれていた、と」

一瞬の静寂の後、お互いに否定を続ける。

「いやいやいやいや……」

「いやいやいやいや……」

幾ら説明しようとも、警備員的には納得ができる筈もない。

埒が明かないので仕事を切り上げ、菅さんは帰宅することにした。

翌日、出社すると課長に呼び出された。

「あのな、報告書が出されていてな。会社から何があったのか聞くように言われているんだわ」

警備会社としては、起きた事態は契約先に報告の義務がある。

対処時刻、対処内容が箇条書きのように記されているのだが、異常音の原因は不明、とあった。また、残業業務中の社員一名に確認するが、特定に至らずと追記されていた。

「残業してたのはお前だろ？　異常音って何だ？」

説明の言葉を選んでいる菅さんに課長が小声で詰め寄る。

「あのな、会社にちゃんと説明しないと、俺もお前も怒られるんだわ。分かるよな？」

前回のノック音のことがあるので、課長は理解してくれそうな気がする。

そう思う一方、前回のことを気の所為として処理しているのならば、頭がおかしいと思われかねない。

逡巡したが、ありのままを説明することにした。

「……ということは、お前としては、廊下のほうからドアを叩く音がしてた、と。その犯人は見てもいない、ということだな。で、警備の奴は、お前を犯人として疑ってる、ということだな」

「いや、犯人というか、犯罪でもないですし、疑われてるという訳でもないでしょうし」

「いや、そういうことなら、お前を疑っているってことだろ。だからわざわざ報告書に、社員なんて書いてるんだろうが」

確かにそうかもしれないが、ヒートアップする課長を見てると、それ程騒ぎ立てることでもないような気がしてきた。

それよりも冷静に考えると、警備員がドアを叩いていたようには到底思えない。

とすると、昨日の音の正体は……。

考え込む菅さんを放置し、課長の怒りは収まらない。

「もういい。俺が話を付けてくるわ」

課長はデスクから立ち上がると、ズカズカと出ていった。

（あっ、仕事しないと）

昨日の残った分も含めて、慌てて仕事に取り掛かる。

それから十分程すると、課長は戻ってきた。

「菅、ちょっとこぃ」

呼び出されるまま、課長の元へと向かう。

「あのな、昨日の奴、休んでるんだってよ。不幸があったらしくてな、朝に引き継ぎをした後、帰ったらしくて、暫くは休むことになるらしい。まあ、戻ってきたら俺がビシッと言ってやるから」

（不幸……って……）

その後はキーボードを叩いていても、頭の中はノックのことで一杯になる。

どう考えても偶然という訳ではなさそうだ。

ノックに反応した人がドアの向こう側の〈何か〉に接触することで、不幸が訪れるらしい。

その〈何か〉の正体は目視できていないので分からないが、所謂、死神みたいな存在なのだろうか？

それも当人じゃなく、親族のような近しい人を対象にするという酷く回りくどいような存在。

とすれば、それを回避する方法は……。


「こういうことって、私だけに起こっていることなんですか？　世の中のみんなは、それに気付いていないとかっていうことなんですか？」

それからの菅さんの周りでは、ノック音が聞こえることが多分、二十回以上はあった。

返事をしても反応がなければ、完全に無視を決め込む。

その都度、しつこい位の叩き方をされるが、絶対にドアを開けたりはしない。

「単純な話だし、簡単な対処法ですが、これが間違いないと思っています」

なるほど、と納得したが、一つのシチュエーションが頭に浮かんだ。

「もし、もしですけど、ちょうど何処かに行こうとドアを開けるタイミングだったとします。その絶妙な間で、ノックが一度でもされた瞬間にドアを開けてしまったとしたら、それはどうなるんでしょうかね？」

私の余計な一言が、菅さんを悩ませる結果となった。

読者の皆様で、その回避方法をお持ちの方は是非とも教えてください。

宜しくお願い致します。

クソ力《ぢから》

（網走市緑町）


宮根さんはアパートで独り暮らしをしている。

ある夜のこと、そろそろ就寝するべく寝室のドアを開けようとした。

するとドアノブを握った手に違和感を覚える。

まるでゼリーのような手触りのドアノブは、宮根さんの握力でぐにゃりと歪んだ。

（はい？）

意味が分からないまま、そのままの姿勢で固まってしまう。

五分程もそうしていただろうか。

（ああ、寝惚けているんだ……）

そう思いながら、寝室に入り、布団に潜った。

いざ眠ろうとするが、先程のことが頭を過ぎりどうしても寝付けない。

結局、布団を出てドアノブをまじまじと確かめた。

（曲がってるねぇ……）

何処か他人事な自分の考えに笑いが込み上げてきたが、冷静になればなるほど笑えない。

あくまでもここは賃貸のアパートなので、退去の際には違約金が発生することは間違いない。

(さて、困ったもんだ)

自らの握力の所為で歪んだのなら、微妙な力加減で調整できないだろうか?

そう考えた宮根さんはドアノブを握り、力を加えてみる。

しかしドアノブは余りにも固く締まり、全力を振り絞ってもピクリともしなかった。

(詰みましたな、これは……)

潔い性格というか、割り切りの早い宮根さんは諦めて寝ることにした。


一時間くらいは寝ていたように思う。

突然、パチリと目が覚めた。

寝るときにはある程度の明るさの照明を点けて寝るのが宮根さんのスタイルである。

しかし、部屋の中は真っ暗になっていた。

(間違って消したのか?)

照明のスイッチのある場所へ、手を伸ばしていく。

そのタイミングで突然照明が点いた。

眩しさで思わず顔を顰《しか》めるが、ゆっくりと目を開けてみる。

――彼の眼前に、女の生首が浮いていた。

長い髪は宙空にゆらゆらと揺れ、パッチリと開いた大きな目が彼を見据えている。

一呼吸置いて状況を理解した宮根さんは、その足で逃げ出した。

寝室のドアを開けようとした手が、ドアノブを凄い音とともに引き抜いてしまう。

「あー！　あー！　ああーー!!」

悲鳴にならない声を上げながら、完全にパニックに陥った。

彼のすぐ背後まで、ふわふわと生首が近付いてきた――その気配を感じた途端、プツリと意識が途絶えた。


翌朝、目覚めたときには生首は消えていた。

そして、壊れたドアと床に転がったドアノブが、夢ではないことを教えてくれた。

「ああいうのが火事場のクソ力っていう奴ですかねぇ？　でも、ノブを変形させたときには、発動されていなかったと思うんですが……」

宮根さんの中では未だに理解できない出来事である。

ただ、それからは寝室で眠るのをやめ、居間に布団を敷いて寝るようになった。

そして万が一に備え、就寝時は照明を全て点けておくようになったことは言うまでもない。

庭の樹

（札幌市豊平区）


高木さんの家の庭には、一本の樹がある。

オンコと言われる種類だが、子供の頃にはその実をよく食べていた記憶がある。

「もう二十年くらいは見ている景色でしたから、当たり前のものという認識でしかなかったんですよね」


ある冬の日、その樹の上には雪が積もっていた。

リビングから見える景色を横目に、熱いコーヒーを啜《すす》る。

（今日は何をしようかな）

ショッピングに行こうか、映画を見に行こうか、と頭を悩ませていると、視界の隅で白い物がチラチラと動いている。

「あっ、結構降ってきた。もーう、天気予報、全然当たんないじゃん」

外はどう見ても寒そうで、その日は外出を諦めた。

もう一杯コーヒーを入れて、何となく窓の外を眺めていた。

（吹雪いてきたなぁ……やだやだ）

視界がほぼ真っ白になる。その奥のほうに、幽《かす》かに黒っぽい物が見える。

彼女はてっきりオンコの樹だと思っていた。

しかし暫く眺めていると、雪の粒と粒の間で朧気《おぼろげ》に見える黒い物は、オンコの樹ではないように思えてきた。

高さと幅を考えるに、人のように思えてきたのだ。

（いや、まさかね……）

そう思いつつも、窓の外を注視し続ける。

すると徐々に降る雪の勢いは弱まり続け、視界が鮮明になっていく。

「あっ‼」

思わず大きな声を上げてしまった。

オンコの樹の横に、立っている女性がいた。

グレーっぽい色の上下に身を包んでいるが、どのようなウェアなのかはよく分からない。

チャイナドレスに形は近いようだが、素材は毛糸系のように厚手に見えるし、裾のほうはタイトな感じで足首まで覆われている。

その女性はこちらを見ている訳ではなく、オンコの樹を見つめているようであった。

（えっ？　誰？　っていうか、綺麗……）

不審者と認識し驚きはしたが、それ以上に女性の美貌《びぼう》へ吸い込まれるように意識を持っていかれる。

暫くの間、その女性の横顔を見つめ続けていたような気がする。

突然、女性がこちらを振り向くと、高木さんは大きく心臓が脈打ち、呼吸ができなくなってしまった。

パクパクと口だけを必死で動かすが、呼吸の仕方を忘れたみたいに息をすることができない。

苦しさが続く中、徐々に意識が遠退いていく。

（ああ、死んじゃうんだ……）

特に怖さなどは感じず、不思議とそういうものだと受け入れていた。

『ごめんっ!!』

美しい高音の声が聞こえたと思ったら、先程まで外にいた筈の女性が跪《ひざまず》き、高木さんを覗き込むように見ていた。

（ああ……大丈夫です……）

無意識にそう思うと、胸がすっと軽くなった。

急激な酸素の取り込みに肺がおかしくなったのか、大きく咳込み続ける。

漸く落ち着きを取り戻した頃、リビングには女性の姿はなかった。

勿論、オンコの樹の横にも、誰も立ってはいなかった。


「あれ、精霊のようなものじゃないのかな、って思っているんです」

何故かリビングには噎《む》せ返るような緑の匂いが充満しており、床には季節外れのオンコの実が三粒転がっていた。

冬が終わり、春になってもオンコの樹には特に大きな変化は見られなかった。

それ以降、あの女性を見かけることも一度もないままだという。

呼応

（根室市月岡町）

浅井さんは夕食のカレーを作っていた。
上機嫌で、いつものように大好きな男性アーティストの曲を口ずさんでいた。
「君が幸せにぃー、風にうたーえばー……」
『恋がぁー今ぁーも、恋のぉ……』
思わずぎょっとした。
彼女の歌に被せるように、低めの男の声が聞こえてきたのだ。
歌を止めた。キッチンは静まり返っている。
先程の声は天井から聞こえてきたような気がするが、家には彼女一人しかいない。
夫も子供もまだ帰宅しておらず、室内には誰もいない筈だ。
(空耳よね……うん、そうに決まっている)
気を取り直し、また続きから歌いだす。
「揺れるこぉーかげー、薫るさくらぁーなみぃーきー」
『かなしくぅーて……』

また被せるように歌が聞こえてきた。
今度は左側、もしかしたら左背後かもしれないが、先程より近い位置から聞こえた。
恐怖ですっかり硬直した彼女は身動きが取れなくなってしまう。
(泥棒？　強盗？　えっ、襲われるの？)
息遣いのようなものは感じられない。
いや、自身の呼吸が荒い為、分からないだけなのかもしれない。
恐怖に包まれた緊迫の時間が酷く長く感じられた。
漸く意を決し、えいっと振り向くと食器棚があるだけだった。
男の姿は何処にも見当たらない。
(疲れているのかな？)
恐る恐る他の曲を歌ってみるが、何も聞こえてはこない。
やはり自分の気の所為だったのだと、カレー作りを再開する。
具材を煮込んでいる間に、サラダの用意をし始める。
「君は、きっと幸せにぃー」
『風に、うたーえばー』
またすぐ傍から、男の声が聞こえてきた。

完全に空耳だと決めつけるようになっていた浅井さんは、歌を止め、ぼそりと毒づく。

「しっかし、下手だよね。本物はもっと低いんだけど、優しい感じで……」

突然、彼女の眼前に、男の顔が現れた。

酷く悲しそうに眉毛を曲げ、涙を湛《たた》えた目は歪んでいる。

「いっやぁぁぁぁあああああ‼」

浅井さんの悲鳴に呼応するように男の顔は消えてしまった。

腰を抜かした彼女は、子供が帰宅するまで動けないままであったという。

「それからは独りで歌うのは禁止なんです。もしかしたら現れるかもしれないので」

彼女がそのアーティストのファンであることは変わらない。

ただ、この曲だけは鼻歌で留めているお陰か、あの見知らぬ男の顔が現れることはないという。

浦部と鈴木

（札幌市豊平区）


浦部さんは散歩中に、見知らぬ中年女性に声を掛けられた。

「鈴木さんですよね？」

当然違うので否定するが、女性はなかなか引き下がらない。

何とか納得してもらいその場を離れるが、その女性は首を傾げながら、暫くはこちらを見ているようだった。

（まあ、世の中には似ている人ってのがいるらしいから、そういうことだろう）

それからまた十分程歩いていると、四十代くらいの男性に声を掛けられる。

「おお？　今日は休みか、何処行くんだ？」

「え？　いや、今日というかもうずーっと休みみたいなものだし……」

「は？　お前、会社辞めたの？」

「いや、もう定年ですし……」

「はぁ？」

「あの……どちらさんでしょうか？」

「俺だよ、タイジ！　え？　何の冗談だよ、ヤス？」

「人違いだと思います。私はタイジでも、ヤスでもありませんから……」

納得がいかない様子の男性をその場に残し、浦部さんは歩を進める。

（しかし、一日に二度も間違えられるものかね？）

そんなことを考えながら歩き続けていると、人だかりが見える。

何の集まりだろうと、興味本位で近付いていく。

「救急車はまだか？」

「誰か、手を貸してくれ」

飛び交う声の内容で、事故があったことはすぐに分かった。

不謹慎とは思いつつも、人を押し退けて状況を確認する。

――作業服の男性が道路に倒れていた。

少し離れたところに停車している車と、青ざめた中年女性が立ち尽くしているのが見えた。

また倒れている男を見ると、頭から血が流れている。

（こりゃあ、死んでるなぁ……）

ふと胸の刺繍《ししゅう》が気になった。〈鈴木〉と書かれている。

そうしているうちに救急車が到着したので、浦部さんはまた散歩に戻った。

少し先に馴染みの定食屋が見えたので、そこで遅いお昼ご飯を摂ることにする。

「こんにちは、いつもの頂戴」

「……はぁ、えーと、いつもの何でしたっけ?」

「いや、いつもの定食」

「ええ、それが何の定食かが……」

「はぁ?　生姜《しょうが》焼きだよ、忘れたの?　もう……」

店員のおばちゃんは、少し困った表情をしながら厨房へ入っていく。

その姿を見て、浦部さんは何処か釈然としない思いをしていた。

毎回、同じ注文をするたびに、「栄養が偏るよ」「偶には違うのにしなさいよ、うちのはどれも美味しいよ」というやりとりが必ずあるのだが、それがなかった。

何処かよそよそしいような他人行儀な雰囲気が、気持ちを落ち込ませる。

(トイレにでも行くか……)

用を済ませ、手を洗っているときに、何げなく目の前の鏡を見た。

「は?　え?　誰?」

思わず後ろを振り返るが、誰もいない。

――鏡に映っている顔は、いつもの自分ではなかった。
いや、何処かで見覚えがある……。
そう、それは先程、車に轢かれていた男の顔であった。
幾ら顔を弄《まさぐ》ろうと、変化することはない。
愕然とするが、幾らその場で立ち尽くそうと、何も変わりはしない。
トイレから出ると、既に席には生姜焼き定食が置かれていた。
しかし、このような状況で食欲などが出る訳もない。
会計を済ませると、浦部さんは店を後にした。

さて、これからどうしよう。
歩きながらも、そればかりを考えてしまう。
普段なら家に帰るのだが、この顔で帰って嫁が受け入れてくれるとは思えない。
というか、どうすれば顔が元通りになるのだろうか?
結局、家の近くの公園で、日が暮れるまで時間を潰した。
いい加減どうしようもなくなり、とぼとぼとした足取りで家に帰る。

「あんた、何処ほっつき歩いてたのよ。心配するでしょうが！」

帰宅した浦部さんに、嫁の怒声が響く。

「え？　僕だと分かるの？」

「何を訳の分かんないことを言ってるんだか。御飯が冷めちゃうから、早く手を洗ってきて！」

洗面所で鏡を覗くと、元通りの浦部さんの顔に戻っていた。

「色々と考えるんですが、いつから顔が変わっていたのかは分からないままです。その理由も……」

彼がこのような体験をしたのは、この一回限りである。

躓《つまず》き

（函館市陣川町）


元木さんはここの所、何でもないところで躓くことがあった。

まだ三十代であることから、老化による衰えというよりは運動不足だろうと考え、ランニングを始めた。

いざ走りだしてみると、簡単に息が上がる。

（ここまで体力が落ちていたのか……）

その日から毎日、天候が悪い日でも走り続けた。

しかし、躓く癖は一向に変わらはない。

（逆に疲れているから躓くのかなぁ？）

意識して、足を上げ気味に歩くようにした。

だが、どうしても躓いてしまう。

そんなある日、路上で派手に転んだ。

通り掛かった人に駆け寄られ、心配される。

必死に恥ずかしさを押し殺し、あくまでも平静を装う。

「あ、大丈夫です。はい……」

強《したた》かに打った膝がジンジンと痛むが、無理をして立ち上がった。

「何かに躓いたんだなぁ……」

そんな物はないとは分かっていたが、理由付けが欲しくてわざとらしく大きな声を出しながら振り返る。

――あった。枯れ木のような皺々《しわしわ》の腕が一本転がっていた。

「へっ？」

状況が理解できず、思考が固まる。

が、すぐに心配をしてくれた人が近くにいることに気付いた。

「あ、あの……。あれって何だと思いますか？」

転がる腕を指し示すが、その人は首を傾げている。

「あれ、っていうのはどれですか？」

「いや、枯れ木みたいに見えますけど、腕みたいのが……」

「はい？」

近くにまで歩み寄り、これですと物を指すが首を捻るばかり。

そこでどうやら自分にしか見えていないということに気付いた。

おかしな人だと思われたのか、そそくさとその人は離れていってしまった。

(ふーむ)

元木さんはその場に蹲り、繁々と腕を眺める。

動きはしないようだ。

ただ指もあり、右腕としか思えない。

(腕のお化けってことなのか?)

疑問に思いながら観察を続けていると、徐々に色を失いその姿を消した。

(お化けはやっぱり消えるものなんだな)

何処か達観したような気持ちになり、その状況を受け入れた。


「それからなんです」

元木さんは今も変わらずによく躓く。

その場を確認すると、あの腕が必ず転がっているという。

特に怖さなどは感じないが、現れるタイミングの理由は未だに掴めないままでいる。

「一体何がしたいのか……。それがある意味不気味に思えて……」

元木さんの心配は、まだ解決しそうにない。

記憶

（夕張郡長沼町）


ある日のこと、三田さんは悪夢で目が覚めた。

その内容はよく覚えてはいなかったが、とにかく怖かったことだけは記憶にある。

翌日も仕事があるので寝直そうとはするのだが、なかなか寝付けない。

とりあえずは身体を横にしているだけでも違うだろうと、布団に潜ったまま眠気が訪れるのを待ち続けた。


三田さんは布団の中で目を閉じている。瞼を閉じてはいても相変わらず眠気は来ない。

突然、その真っ暗な視界に、色々と映像が映りだした。

（あれ？　夢を見ているのかな？）

一瞬、眠っているのかと思ったが、意識ははっきりしていた。

映像のほうに意識を向けると、何処の風景なのかまで判別が付いた。

（あー、懐かしい。田舎の道だ……）

映像の端には、小学校の同級生の姿まで映り込んでいる。

（そうそう、テツヤとはいつも学校帰りに探検に行っていたんだ）
田舎の町の外れには、廃墟と化していた住宅が何軒もあった。
授業が終わると、まっすぐに探検に出掛け、色々な廃墟の家探しをしていた。
映像は切り替わり、何処かの古びた家の中に入っているようだった。
変色した新聞紙の束や、床が腐り落ちた穴の中を覗き込むような視点に変わる。
（全く覚えがないなぁ、何処だろ、ここ？）
更に映像は変わり、台所に入り込んで床下収納を開けた。
その中には埃を被った茶色の甕《かめ》が一つあった。
（あ、ああ!!　止めろ！　馬鹿！）
三田さんは急に何かを思い出した。
開けてはいけない、という思いのまま、映像に呼び掛ける。
――ズッ、ズズッ……。
甕の蓋がゆっくりとずれるように滑り出した。
余りの恐怖に三田さんの身体は飛び起きる。
……はぁ、はぁ、はぁ。

彼の呼吸は荒く、身体の芯から震えていた。

当時、何を見たのか――そこは思い出せないが、怖かったことは覚えている。

（そうだ、確か、その日の夜から熱を出して寝込んだんだ。何日か学校を休んだ筈だ……）

真っ暗な室内でそんなことを思い出していると、どんどん恐怖心が増す。

一度照明を点けて、頭の中を整理しようとした。

思い出せないのは、多分よほどの恐怖体験をしたからなのだろう。

人間は恐ろし過ぎる記憶を無意識に封印する、と何かで見たことがある。

そうなると、このまま有耶無耶《うやむや》にしておくのが正しいことなのだろう。

（よし、忘れた忘れた。何もかも忘れた）

自分に言い聞かせるようにして、布団に潜り込む。

（ちょうどいいや、小学校の頃の奴とは付き合いもないし、このまま忘れてしまえる）

そう思っているうちに、ウトウトし始めた。

（あれ？　そういえば、テツヤって今は何処にいるんだろう？）

その考えが浮かんだ瞬間、本能的に拙《まず》いと思えた。

説明のできない恐怖に、ハッと目を開いてしまう。

――三田さんの眼前には、テツヤの顔があった。

口元を歪めながら、何かの言葉を発している。

そこで彼の意識はプッツリと切れた。

意識を取り戻した三田さんは非常に身体が怠く、体温は三十九度台を指し示していた。

結局それから三日間は仕事を休むはめになった。


「何で二十年以上も経ってから、急に思い出したんでしょうね？」

彼としては何かのきっかけがあったとは思えない。

それでもはっきりしたことが二つある。

あの廃墟の甕の中にあったのはテツヤの顔であった。

もう一つ、同級生にテツヤという子は存在していなかった。

「あの日以外の探検にもテツヤはいた筈なんです。寝込んでからは遊んだ記憶はないんですが……」

幼い彼は同級生が信じられなくなり、距離を置くようになっていった。

それ故、小学校時代の人とは疎遠になり、記憶からも葬り去られていたという。

「正直言ったら、今回、この話をしたのは……」

三田さんは誰かに話すことで、テツヤという存在を押し付けられるような気がしたという。

これまでに三度もテツヤに遭遇することで、寝込んでいた。

このままでは仕事にも影響が出るし、何より身の危険を感じ始めたという。

「身勝手なのは分かっていますから。でも、どうしようもないんです」

彼の逼迫《ひっぱく》した面持ちから、テツヤという存在に何らかの変化が起き始めているように思えてならない。

クラスメイト

（札幌市南区）

今から約三十年前、森脇さんが中学生だった頃のお話。

所謂、ヤンキーと呼ばれていた部類に入る森脇さん達は、常に何らかの刺激を求めていた。

「あー、何か面白いことねぇ？」

口を開けばいつもこの台詞であるが、解決するような回答を持ち合わせている友人は、誰一人いない。

「つまんねーの」

そう言いながら、真面目なクラスメイトを弄《いじ》りに行く。

「別にいじめとかっていうつもりはなかったんですよ。ただ、小突いたりしたときの反応が面白い奴もいたので、しょっちゅうちょっかいを掛けには行ってましたね」

その中でよくターゲットにされていたのは将司君であった。

元々が暗い性格であるが、弄っていると突然キレることがあった。

ただ、別に腕力などがある訳でもないので、怖いとは思わない。

暇つぶしという理不尽な理由だけで、森脇さんらのグループに囲まれることが多い子であった。


ある日のこと。

将司君の家に幽霊が出るという話を耳にした。

端《はな》からそんな存在を信じていない森脇さんは、面白いネタを見つけたと大喜びする。

「なぁー、お前の家にお化けが出るんだって？　大変だろうから、俺らが退治してやろうと思ってよ」

将司君の首に腕を回し、有無を言わせず家に行くことを了承させる。

その夜、森脇さんとヤンキーの友人三名は、将司君の家に押し掛けることにした。

それぞれが住所を書いたメモを持ち、二十時に将司邸に集合する約束を取り付ける。

（つーか、あいつこんなとこから来てるのかよ。だりいな……）

彼らの中学校の生徒は、大概は近隣住民から成り立っている。

ところが将司君は隣町から登校していたのだ。

自転車で向かうのも面倒臭いと思えたので、黙って兄貴の原付を拝借する。

「つーか、これって何処よ？　何丁目とかもねぇのかよ」

将司君の家は、隣町の中でも外れのほうに位置し、ちょっとした山道を入った先にあるようだった。

迷いながらうろうろしていると、同じように道に迷っている仲間を次々に見つける。

全員が揃って将司邸と思しき家の前に到着したのは、二十一時前であった。

その家は酷く古びた木造二階建てで、近くには民家もない。

念の為に表札で名前を確認しようとしたが、そんな物は飾られてもいなかった。

「あのクソ、特徴が木の家しか書いてねぇから、微妙じゃねぇか」

「いやでも多分この辺だし、それで分かるって思ったってことは、この家しかあり得ないって」

玄関先でガヤガヤと揉めるが、将司君が気付いてくれることはなかった。

その一軒家で明かりが点いているのは二階の一箇所の窓だけで、他は暗い。

周囲には街灯もないので、その部屋から漏れる明かりが、より眩しいものに感じられた。

将司邸という確証がないので、誰が玄関ブザーを押すのかでまた一揉めするが、じゃんけんの結果、森脇さんに決まる。

――ブーッ……。

低音のブザー音が静かな空間に響き渡る。

少しすると玄関が開けられ、将司君が顔を出した。

安心するのと同時に、玄関先で確証がないと揉めていた原因の顔に苛つきも覚える。

ただ、ここで手を出してしまうと、親御さんも巻き込んで面倒なことになるのは容易に想像できた。

森脇さん達はグッと堪え、家の中に入る。

「……おじゃましまーす」

裸電球のような心許ない明かりが照らす廊下を、二階に向かって歩いていく。

「つーか、本当に来たんだ。よっぽど暇なんだね」

学校とは違う強気な口調の将司君。

やはり親元では違うなと、森脇さん達は思いながらも、学校では覚えてろよと、怒りを抑えていた。

部屋に入ると、実に殺風景な光景だった。

畳敷きの八畳間に和箪笥が一つと、膝丈位のテーブルが一つあるだけで、他には何もない。

奥側にカーテンが閉められた窓があり、左手には押し入れと思われる襖があった。

「まあ、座ってよ」

促されるままに、適当に腰を下ろす。

「何か飲む？　お茶しかないんだけどね」

そう言いながら、将司君は階段を下りていった。

部屋に残った森脇さん達はぼそぼそと会話をする。

「何でアイツタメ口なのよ？」

「つーか、いやに静かじゃね？　もうみんな寝てるのかよ」

「いやいやそれより、この部屋というか家自体がボロくね？　ほら、壁というか、木を貼り合わせただけじゃん。これ、外と丸っきり同じじゃん」

確かに壁面は古びた木材であったので、経年劣化による隙間があるのだろう。

その隙間周辺は風雨に晒され、黒く変色していた。

「お待たせ、まあ飲んでよ」

薄汚れたグラスとガラス筒に入ったお茶のような液体を持って、将司君は戻ってきた。

グラスに注がれるが、とても飲む気にはなれない。

「あのよー、もうみんな寝てるのか？　早くねぇか？」

「あ、僕だけだから。ここに住んでるの」

森脇さん達は、唖然とする。

「いやいやいや、メシとか、ほら洗濯だってあるし、そもそも金はどうしてんだよ？」

将司君は淡々と答える。

「御飯も洗濯も自分でやるさ。お金は婆ちゃんが残してくれたものがあるから、それを使ってる」

「いや、父ちゃんと母ちゃんは？」

「とっくにいないよ。何処で何をしているのかは知らない。もう死んでるかもね」

ニタリと笑う将司君に、軽く寒気が走った。

「つーか、学校はこのこと知ってんのかよ。子供一人で暮らしてるって、何か知らんが、マズくねぇのかよ」

「知ってるよ。身元保証人は遠い親戚がやってるし、大人なんて自分の建前が守れれば、それでいいんだから」

大人びた考えの将司君に、森脇さん達は恥ずかしさを覚えた。

散々弄ってきたが、その裏では人知れず苦労をしてきたのだろうと想像できたからだ。

「まあ、それならいいんだけどよ。……じゃあよ、今度から、お前の家に集まることにしようぜ。毎日は無理でもよ、週末とか来られるときは全員集合ってことでよ」

森脇さんの同情心だったのかもしれない。

しかし、その発言は簡単に否定される。

「いや、無理だと思うよ。君達には我慢できるとは思えない」

その言葉の直後、テーブルが小刻みに揺れだした。

グラスの液体は外へ零れ、揺れの強さは徐々に増しているように思えた。

「地震だ!!」

森脇さん達は一斉に外へ逃げ出した。

そして廊下の途中で、揺れが収まっていることに気付く。

振り返ると、将司君は部屋の中で座ったままだった。

「いやぁー、結構な揺れだったよね。つーか、お前は平気かぁ。地震に強いタイプ？　それとも腰抜かしてるとか？」

地震にビビったと思われるのが恥ずかしく、必要以上に声を上げながら室内に戻る。

一方、将司君は冷めた表情を浮かべている。

「だから、無理だって言ってんの。もう分かったでしょ」

何処か下に見ているような口調に、森脇さんは直情的にキレた。

「おぅこら、さっきから舐めた口きぃてっけど、てめえが可哀想だと思ったから許してただけで、あんま舐めてっと、本気でしばくぞ！」

将司君の胸ぐらを掴み、威嚇する。

しかし、将司君は落ち着いたまま、淡々と話す。

「別に舐めたりしてないよ。このレベルで怖がってんだから、家に来るのは無理なんだよ。退治してくれるって言ったよね。でも無理だよね。できないことはできないって言ったほうがいいってこと」

「訳の分かんねぇこと言って、誤魔化すなや。ちょっと痛い目を見たほうがいいんじゃねぇか？　ああん？」

一発、殴りつけてやろうとしたところで、押し入れの襖が揺れだした。

小刻みな揺れはどんどん大きくなり、終いには勢いで襖を倒してしまう。

森脇さん達は、その様子を理解できずに固まった。

将司君は、フンと森脇さんの手を引き剥がすと、腰を下ろす。

「で、どうやって退治できるのかな？　見せてくださいよ、ねぇ？」

挑発的な将司君の言葉が気になったが、それ以上のことが目の前で起きていた。

押し入れの中には木製の小箱があった。

それは、錆《さ》びた鎖でぐるぐる巻きにされている。

何故かその木箱は、ゴム毬のように上下に弾んでいた。

「ヤバイって、これ」

ぼそりと呟く仲間の声に、森脇さんは生唾を飲んだ。

動けずにいる森脇さん達を尻目に、将司君はスクッと立ち上がり、木箱を掴み上げる。

「じゃあ、お手並み拝見といこうか。退治してくださいよ」

鎖には錠が掛けられていたらしい。

将司君はズボンのポケットから鍵を取り出すと錠を外し、スルスルと鎖を解いていく。

「馬鹿、やめろって！」

その言葉を無視するように、木箱の蓋は開けられた。

——黒い靄のような物が一瞬で部屋中に広がり、見えなくなった。

そのとき、眩暈にも似た感覚に襲われる。

森脇さん達は説明のできない強い圧力、或いは〈気〉を感じ取っていた。

「な、何だよ、今の……」

声を振り絞って将司君に問い掛ける。

「だからぁ、僕だって自分を守るので精一杯なの。君達も同じことをするかい？」

将司君はおもむろにカーテンを開けた。

そこにあるべき窓ガラスは中途半端に割れ、鋭利なバランが窓枠の四方から生えているように見えた。

将司君はそのガラスの一部を掴むと、パキッとへし折る。

元々が薄いタイプの窓ガラスだと思われたが、平然とやってのける姿に言葉が出なかった。

「やるんならどうぞ、まだ残っているからね」

そう言うと将司君は、ガラス片を口に放り込んだ。

パキ、ペキと嫌な音が聞こえ、その後喉を大きく鳴らすと、口を大きく開けて見せた。

「やべぇ！　こいつイカれてる！」

仲間の声に森脇さんの緊張感は限界を迎えた。

「逃げるぞ!!」

思わず口走った言葉に仲間も追随し、一斉にその場から逃げ出した。

暗い廊下を全力で走り、階段を転げ落ちながら玄関先へ向かう。

靴を履こうとするのだが、闇の中ではどれが自分の物なのかもよく分からない。

焦っていると、背後から奇妙な音が聞こえてきた。

——ズッ、ズズーーッ……。

一定の間隔で、何かを引き摺ろうとしている音。

その音から、それなりの重量物であることは簡単に想像できた。

「早く出ろ‼」

それぞれが正しく靴を履けているのかは分からない。

が、そんなことはどうでもいいと思える恐怖が近付いていていた。

慌てて玄関先に躍り出て、乗ってきた原付や自転車に跨《また》がると、背後上方から漏れる光に
ほんの一瞬だけ影が入った。

そして直後に、ドスッという鈍い音が聞こえた。

怖い……。しかし、確認しないことはもっと恐ろしい。

ゆっくりと背後を振り返り、音の正体を確認しようとする。

周囲は真っ暗だったが、二階にある将司君の部屋から差し込む明かりだけを頼りに目を
凝らす。

――いた。

庭先に倒れている人影がある。

その着衣と二階の明かりの位置関係から、将司君ということはすぐに理解できた。

窓から飛び降りたと思えるが、ピクリとも動かない。

「ヤバイ、マジ、ヤバイってー」

森脇さんは原付を全開で加速させる。

後ろからは「待ってよー」という仲間の声が聞こえたが、無視して走り続けた。

結局、家に帰っても一睡もできないまま、朝を迎える。

その間、警察に通報したほうがいい、という考えと、もし死んでいたらという思いが交錯し続ける。

仮に死んでいたとしよう。どう考えても状況証拠的に、森脇さん達がリンチをし、窓から投げ捨てたという判断をされると思えた。

その日は休むことを考えたが、家にいても落ち着きようがない。

更に警察に来られでもしたら、誤解されたまま逮捕される可能性もある。

重い気持ちを引き摺ったまま、仲間と口裏を合わせる為に学校へ向かった。

「よぉ……」

「自分だけとっとと逃げて、酷いわぁー」

皆に散々責められるが、仲間は同じ気持ちだったらしい。

警察沙汰になるのだけは嫌だという想いから、回避する方法を小声で話し始める。

「将司、やっぱ来てねぇな。マジで死んでんのかな？」

「つーか、俺の靴片っぽ違うのだったんだわ。お前らの誰か、俺の靴を履いてねぇ？」

「馬鹿、それって将司の奴のじゃねぇの？　じゃあ、将司のとこに行ってない、って話にもできねぇじゃねぇか。めんどくせぇな」

彼らの話し合いで手っ取り早い対策が決まる。

将司邸には行ったが、少し遊んでみんなで帰った。

その後に何が起きたのかは知らないし、靴を間違えたのも、そもそも将司の家の玄関が暗かったので気付けなかった。

「え？　マジで死んだんですか？」とそれぞれが言い張ることにした。


三時間目が終了しても、特に先生からも呼ばれることもなく、警察が事情を聴きに来ることもなかった。

将司君はまだ発見されていない可能性があると思っていた。

そこへふらっと将司君が登校してきた。

右頬には大きな擦り傷があるが、元気そうである。

「おい将司、生きてたのかよ」

安堵した森脇さん達は駆け寄り、心から無事を喜んだ。

その一方、将司君の反応は冷たい。

「君達の所為で、酷い目に遭ったよ。退治するどころか、アイツを怒らせるからこの様さ」

その言葉で、昨日起きた理解不能な事象が急激に思い出された。

「将司、昨日の……」

「全く、僕がこうやっているから助かったんだよ。もう関わらないでくれるかな」

将司君は学生服のポケットに手を入れると、ガラス片を取り出した。

――ペキッ、パキッ……。

昨夜と同じように噛み砕いていく。

その有無を言わせぬ迫力に、森脇さん達は引き下がる。

それからは将司君を弄ることはなくなった。

何かに付けて気にはなるので、自然と視界には入れてしまうのだが、それ以上のことはしない。

将司君のほうから視線を送られても、目を背けてやり過ごした。

そうして三カ月が過ぎた頃。

突然、将司君が引っ越していった。

先生の話によると、遠い親戚のところに行ったらしい。

だが、それ以上は踏み込む気にはなれず、住所なども聞くことはなかった。

「今思い出しても、何が起きてたのかは分かりません。幽霊という存在をきちんと目撃した訳ではないんですが、霊現象と言われているものに間違いはないと思っています」

そして、将司君が住んでいた家にも近付いたりはしないまま、大人になったという。

「もう、廃墟になっているのか、取り壊されているのかも分かりません。で、気になるのはあの木箱ですが、将司が持っていったのかも分からないままです」

現在、森脇さんの仲間も無事に過ごしているが、この件に関しては話題に上ることはないという。

「多分、お互いが気付いてないようなことが話に出るのが怖いんですよ。今の話はあくまでも僕視点ですから、他の奴らはもっと核心を突いているのかもしれません」

今後もし何処かで将司君に会ったとしても、関わることはない。

関わってはいけないのだと、森脇さんは語った。

街角の占い師

（札幌市中央区）


加藤さんはよく金縛りに遭うという。

ただ、身体が動かなくなるだけで、他に何かがある訳ではない。

余りにも日常茶飯事なので、特に気にすることもなく生活をしていた。


ある休日のこと、通り掛かった路上に出されている看板に目が留まった。

【占い 守護霊鑑定 悪霊払い 何でも御相談に乗ります】

特に気になったつもりはないのだが、何故か雑居ビルの一室に入った。

「いらっしゃいませ。ああ……これはなかなか……」

その発言に加藤さんは食いついてしまう。

「えっ、何かあるんですか？　拙いんですか？」

「ええ、まずはお座りください」

一見、普通の中年女性に見える人は、この店のシステムの説明を始める。

「では、何をお聞きになりますか？　というか、もう決まっていますよね？」

料金説明の段階で冷静さを取り戻していた加藤さんは、これは誘導尋問のようなものだと考えた。

曖昧に不安を煽りながら色んな情報を引き出し、全てを知っていたかのように答えていくコールド・リーディングという技術がある。

つまり、詐欺師と同様の手口だと考えた。

「まあ、決まっているといえばそうですが、当然、気付いていますよね」

わざと主導権を相手に渡そうとした。

きっと困って何も答えられないと予想していたが、その女性は話をどんどん進めていく。

「あなたが相談したいのは、金縛りです。で、身体の疲れの所為だと思いたかったようですが、そういう訳ではありません。この原因は家にあります」

「ちょ、ちょっと待って……」

動揺した加藤さんは一呼吸入れようとする。

「えーと、仮にそうだとしましょう。で、原因が分かったとして、解決法があるんですか？」

「はい、勿論」

にっこりと微笑む姿に、加藤さんは心酔する。

それ程気にはしていないつもりではあったが、心の何処かでは霊的なものに対する不安があったのかもしれない。

今日ここに来たのも、神様のお導きのような気がしてきた。

「では、そのお話を詳しくお願いします」

その女性の話によると、家の中に三体の霊がいるとのことだった。

元々そこにいた存在なので、加藤さんに問題があるわけではないらしい。

ただ、霊媒体質の加藤さんは影響を受け易い。

その結果、金縛りという形で現れているという。

「じゃあ、引っ越せばなくなるんですね？」

「いえ、無理です」

話の矛盾に思考停止する。

家にいるのが元凶である。それの影響で金縛りが起きていると言った筈だ。

自分には原因がないと言うのならば、家を離れれば解決するのが当然といえよう。

「あのね、言ってることがおかしいって思わない？」

「別に思いませんよ。本当のことですから。そもそも、あなたの金縛りは今のところに住む前から起きていますよね」

確かにその通りである。

「今、引っ越しても、また霊のいるところに住むんですよ。そういうところばかり選ぶのが、あなたなんです。だから、意味がありません」

「じゃあ、どうすればいいって言うんですか？　そうだ、霊を祓えるんですよね？　表の看板に書いてましたよね？　そういうことですか？」

ついつい感情が昂り、声を荒らげてしまう。

「落ち着きましょう。大丈夫。任せてください」

その優しい言い回しに、完全に加藤さんは落ちた。

除霊の方法を詳しく聞き、鑑定料金を支払うと何度もお礼を言いながら、ビルを後にした。


それから二日後、仕事が終わって帰宅した加藤さんはリビングにいた。

現在の時刻は十九時過ぎ、するべき準備を着々と進めていた。

教わった文字のような物を四枚の半紙に書き、床の東西南北に置く。

その中央部分には線香立てとコップに入れた水を用意した。

後は二十時にお線香に火を点けて立て、その前で手を合わせていると、あの女性占い師がリンクしたような形でお祓いをするらしい。

そのときを今か今かと待ち侘びていた。
約束の時間になった。段取り通りに手を合わせる。
少しすると、加藤さんの顔に冷風が吹き付けてきた。
目を閉じていたが、つい反応して開けてしまう。
そしてそのまま動けなくなった。
身体は完全に金縛りに陥り、目を少しだけ左右に動かすことしかできない。
死角になる位置から、人の気配のようなものを感じる。
（一人……いや、こっちにもいるな。あっ、上にもいる！）
その数は三つ。
例の占い師が言っていた数も三体だった。
神経を研ぎ澄ませながら気配に集中する。
すると立て続けに二つの気配が消えた。
（あっ、順番に祓ってくれてるんだ。あと一体！）
期待しながら加藤さんは待ち続ける。
しかしその後、十分位経っても一向に気配は消えない。
正座の姿勢で硬直していることも影響し、徐々に身体が疲労してきた。

何となく、それまでに気にならなかった息苦しさも体感してくる。

（先生、ヤバくなってきたから、早くして！　お願い!!）

そう願った瞬間、上部から感じていた気配が濃密になっていった。

そしてゆっくりと加藤さんのほうへ移動を始めた。

（マズイ、マズイ、マズイマズイ……）

まるで肉食獣が迫ってきているかのように錯覚する。

触れた瞬間に、間違いなく殺されるという恐怖が目と鼻の先まで近付いている。

自分の髪の毛が逆立っているように感じられ、ヒリヒリとした空気が頭皮に伝わる。

（もう駄目だ……）

そう諦めた瞬間、気配は消え失せた。

突然の事態に頭は混乱する。が、占い師が何とかしてくれたのだろう、と理解するのに、そう時間は掛からなかった。

これで漸く解放されたと思っていたが、何故か身体は動かない。

予想外の事態に、心は焦燥感に駆られていく。

（くそっ、何で動かないんだよ……）

動けないなりに藻掻《もが》いていると、正面に位置する壁からヌッと人間の頭部が擦り抜けてきた。

壁から生えた頭部は首を擡《もた》げるようにして、加藤さんを見据える。

それは見知らぬ中年男性の顔であった。

厭らしく一笑みを浮かべると、加藤さんを目掛けて直線状に向かってきた。

顔の左右には肩と思しきパーツもあったので、胴体まで付いていたのかもしれない。

ただ、横一直線に飛来してくるものを確実に認識するのは難しく、また金縛りに遭ったままでそれを避ける術を持ち合わせてはいなかった。

(ぶつかる!!)

直前でそう恐怖し、目を強く閉じる。

しかし、一切の衝撃は感じず、恐る恐る目を開けたときには、部屋の空気が変わっていた。

それまで住んでいても感じたことのない清涼感。

照明の問題ではない室内の明るさが、全てが終わったことを知らせてくれていた。


そして次の休日。

例の占い師にお礼を言おうと、菓子折りを片手に通りを歩いていた。

(確か、この辺だよなぁ……)

以前見かけた看板は路上に出ていない。

(今日は休みなのかなぁ？)

そう思いつつも、記憶を頼りに雑居ビルへ入っていく。

エレベーターを三階で降りて、すぐ真正面のドアが占い師のテナントであった。

しかしそこには看板すら掲げられておらず、ドアに付いているガラス窓から中を覗くと、蛻《もぬけ》の殻であった。

「ちょうど、そのタイミングで……。たった一週間足らずでいなくなったりするものですかね？」

加藤さんの中では納得がいかない。

あの日、ガラス窓を通して室内を覗いたが、小さなオフィス位の広さがあった。

以前訪れたときの二倍以上の広さがあり、一人の占い師が使用するには不相応のように思える。

そもそも、ドアにはガラス窓が付いていなかったように記憶している。

他のビルと間違えたという訳ではない。

念の為、と付近を結構な時間を掛けて捜索したが、ビルも階数もそこに間違いはない。

「どういうことですかねぇ？　会えたら、お礼がてら最後の顔のことも聞きたかったんですが……」

それからの加藤さんは休日のたびに散歩を続けている。

いつかあの占い師に出会えることを祈って。

雪の日

（札幌市豊平区）


ある大雪の日、職場の駐車場で桜井さんは車の雪下ろしをしていた。

ルーフの上には、二十センチ以上の積雪がある。

雪はまだ降り続けている為、雪を下ろした後からもしんしんと積もり続けていく。

（キリがないなぁ……）

ルーフの積雪を雪下ろし棒で崩すと、フロントガラスのほうへ大きく滑った。

それを更に下ろしていく。

（ん？）

フロントガラス越しに、運転席に座っている真っ赤なジャンパーの男がいる。

そんな訳はないと、フロントガラスの雪を下ろすが、間違いなく見知らぬ誰かが座っている。

桜井さんに気付かれないで運転席に何者かが座ることなどあり得ない。

そうは思うが、居座る男はこちらを見て、ニタリと笑った。

「おい、誰だよ！」

勢いよく運転席のドアを開けるが、そこには誰の姿もない。
（おかしーなぁ……）
また雪下ろしに戻ると、やはり運転席に座っている男の姿が見える。
「お前、誰なんだよ！」
再度、ドアを開けるが、そこには誰もいない。
助手席や後部座席まで確認するが、潜んでいるような者はいなかった。
（訳分かんねぇ……）
納得はいかないが、見間違いと思うしかない。
その後、ある程度雪下ろしが終わったので帰宅することにした。

車を走らせて十分位は経っただろうか。
信号に捕まり、一息を吐いた。
ラジオから流れる天気予報では、明日の朝まで降り続けるらしい。
（結構積もりそうだな。この天気じゃ……）
信号が変わったので、アクセルを踏み込む。
その足首を突然掴まれた。

驚いた桜井さんは慌てて急ブレーキを踏んだ。
停車した後で、足元を覗き込む。
しかし、怪しい物は何も見当たらない。
(疲れているのかなぁ……)
気を取り直し、車を発進させると、視界の隅に赤い色が入り込む。
反射的に助手席側を見ると、先程の男が座っていた。
驚くのも束の間、男が泣いていることに気付いた。
『死にたくなかった……。死にたくなかった……』
ぼそぼそとその言葉だけを繰り返し続けている。
車を路肩に寄せ、桜井さんは男に語りかけた。
「おっさん、どうしたんだ?」
その後は、男からの声を聞いてはいない。
ただどうして、この男が亡くなったのかは理解できた。
声ではないのだが、電波のような感じで、頭の中に響く音が聞こえたという。
——男は大雪の降る日の早朝、家の前の雪掻きをしていた。
近くを除雪車が排雪作業をしているのは知っていたが、目立つ赤い色のジャンパーを着ていたので、気付かれないということもないだろうと考えていた。

突然、痛みが襲ったときには遅かった。

車両に巻き込まれ、自分の身体がひしゃげていくのが分かり意識が途絶えたらしい。


「そうか……大変だったな。おっさん」

その言葉に反応するように男の姿は消えていった。

桜井さんは男が完全に消えてからも、暫くはその場に停車したままでいた。

(多分、ここなんだろう)

そう思える場所から目が離せなかったという。

訓《おし》え

（旭川市東光）


　寺下さんは幼い頃から霊という存在が見えていた。

　彼にとっては当たり前のことであったが、物心が付く頃には周囲との兼ね合いもあり、どう自分なりに処理するべきなのかと随分悩んだという。

「見える、って言っても、全ての霊が見えているのかと聞かれればそれは分かりません。声とかも聞いたことがないし、何かをされたという記憶もありませんから」

　ただただ、街中のいる筈もない場所に人が立っていたり、通り掛かる車や人が擦り抜けたりする様を見続けてきた。

　一見すると普通の人と代わり映えのないような存在は、彼にとっては風景の一部という認識だった。

　ある日のこと。

　通りを歩いていると、ガードレールに凭《もた》れ掛かるように体育座りをしている男の子を見つけた。

そんな気持ちで近付いていくと、周囲を歩いている人が誰一人関心を示していないことに気付いた。

（どうしたのかな？）

（あっ、これそういう奴だ……）

自分では何もできないことが分かっているので、何も知らない体《てい》でやり過ごす。

ただ、その子のことが何となく不憫《ふびん》に思えた。

それから十日ほど経った日、また同じ通りを通り掛かった。

例の男の子は同じ体勢で座っており、その横には萎れかけた小さな花束と口の開いたジュースが一本供えられていた。

（事故死ってことか……）

また何もなかったかのようにやり過ごす。

その後も半年の間に、十回以上はその場を通り過ぎた。

男の子の格好は一切変わらず、物が供えられていたのは二度目のとき以外は一度もない。

彼の中に、その子に対しての同情心が湧いた。

（早く成仏したらいいのに……）

そんな想いから、なるべくその通りを利用するようになっていた。

「本当のところはいなくなったとしても成仏したのかどうかは分からないし……。ただ、悲壮感を漂わせる姿を見る位なら、そうであってほしいという願いですよね」

男の子の姿を見続けてきた寺下さんは、ある日、思い切った行動に出る。

花束まで用意する勇気はなかったが、ジュースを一本、その場に供えたのだ。

周囲を歩く人の目を気にせず、男の子に向かって手を合わせる。

（早く成仏したほうがいいよ。よく分からないけど、光に向かっていけば成仏できるって聞いたことがあるから、その光を探してみてね）

想いを伝えた寺下さんはスクッと立ち上がると、その場を後にした。

途中で振り返ると、その男の子はこちらを見ているように顔を向けていた。


それから何度も、通り掛かるたびに男の子にジュースを供え手を合わせた。

以前に供えた缶が残っているときには、近くのゴミ箱へ捨てていたという。

「毎回、振り返ると僕のほうを見ていたので、話は伝わっているのかな、と思ってたんです」

そんなある日、いつものように手を合わせてから立ち上がると、男の子もつられるよう

で立ち去ることにした。

自分でも何を言っているのかよく分からないが、どうしていいのか分からなくなったの
「えーと、じゃあ、行くから。頑張って。成仏して」

男の子も立ち上がりはしたが、無表情である為、反応が一切読めない。

つい口に出してしまうが、会話などできる筈がない。

「えーと、成仏するのかな？　光だって言うから、その光が分かったのかな？」

予想していなかった動きに寺下さんは戸惑う。

（えっ？）

に立ち上がった。


少し進んでいつものように振り返ると、男の子は後を付いてきていた。

（あっ、これやっちゃった……）

付いてこられたところで、何もしてあげられない。

余計な同情心が、男の子を迷わせる結果を生んだ可能性がある。

（どうしよう……）

暫《しば》し悩んで出した結論は猛ダッシュだった。

人波を掻き分け、全力で走り続けた。

「はぁー、はぁー、はぁー……」

息が完全に上がった頃、恐る恐る振り返る。

――そこには男の子の姿はなかった。

うまく撒いた、と思う反面、中途半端なところに置き去りにしたのかもしれないという後悔が湧き上がる。

いたたまれなくなった寺下さんは、今走ってきた道を戻ることにした。

ゆっくりと歩きながら、周囲を確認していく。

結局、男の子は最初の地点から五メートル位のところにいた。

寺下さんの姿に気付き近付こうとしているが、どうやらそこには何かしらの力が働く壁のようなものがあるらしい。

男の子はパントマイムをしているように、ジタバタと足掻《あが》いていた。

「ごめん、連れて帰っても何にもできないから。それよりここにいたほうが成仏のヒントがあるかもしれないから。よくドラマとかでも、元の所に光が差してきてあの世に行くパターンが多いから、多分、動かないほうがいいと思うんだ」

自分勝手な解釈であることは知っていたが、そのほうがいいと本気で考え謝った。

男の子に想いが伝わったのだろうか。急に大人しくなったその子はすごすごと元の場所まで戻り、また体育座りの体勢に戻った。

（悪いことしちゃった……）

寺下さんは深く深く反省する。

その日を境に、男の子の所には近付かないようにした。

人間であれ、霊であれ、期待を持たせるだけ持たせて、失望させること程、残酷なことはないと思えたからである。


それから三年程が経過した。

自分ルールで男の子の視界に入らないように生活してきたが、仕事の都合でどうしてもそこを通らなければならない。

年月も流れていることから、忘れ去られているかもしれないとは思いつつ、恐る恐る現場に近付いていった。

――まだ、男の子は座っていた。

どうか気付かれないように、と寺下さんは遠巻きに通り過ぎる。

男の子の反応は一切なく、安堵した反面、寂しさも覚えた。

「本当に自分勝手だと思いますよ。振り回しておいて、忘れられてると寂しいとか思っちゃうんですから」

もう大丈夫、という建前の元、再び男の子の前を歩くようになった。

今度は軽い気持ちで、お供えしたり手を合わせたりしない。

期待を持たせるような干渉もしないし、ただそこにいるのかどうかの確認作業をするだけと決めた。

更にそれから数カ月が過ぎようとしていた。

男の子は相も変わらず座っている。

俯《うつむ》き気味の姿勢から覗く表情は、寂しそうに見えた。

そのとき、偶々通り掛かった男の人に反応し、あの子が立ち上がった。

そのまま後を付いていくが、やはり五メートル程の場所で動けなくなっていた。

男の子を無視するように去っていく男の後ろ姿を見ていると、何故だか無性に腹が立ってきた。

本来の性格ではあり得ないが、寺下さんは男の後ろをズカズカと付いていき、いきなり肩を掴むとグイとこちらに振り向かせた。

（えっ？）

——その男の顔は、寺下さんそのものであった。

思わぬ事態に、思考が固まる。
「えっと……あの……」
パニックを起こした頭は、うまく言葉を吐き出せない。
一方、もう一人の寺下さんは黙ったままこちらを見つめている。
無表情なその顔の圧力に耐えきれなくなった寺下さんは、思わず俯いてしまった。
その視線を逸らした一瞬で、視界の隅から男の気配が消える。
確認しようと恐る恐る顔を上げると、既に男の姿は何処にもなかった。
動揺する寺下さんを、周囲の通行人は好奇の目で見てくる。
いたたまれなくなった彼は、その場から走り去った。
途中、一度だけ背後を振り返ると、壁に阻まれた男の子は右手を上げていた。
それはこちらに手を振っていたのか、壁を壊そうとしていたのかは分からない。
ただその姿が余りにも悲しいものに思え、後は振り返らないでその場から離れた。
「冷静になって考えると、どうしてあんな行動を取ったのかが分からないんです」
振り向かせた男は寺下さんだった。
だが仮に、全然知らない人だったとして、振り向かせた後に何を言えたのだろう。
霊の男の子を無視して過ぎ去るのは許せない、とでも言うのか。

そんな現実的な判断も付かない自分に、呆れてしまう。

その一方、男が消えた後に、好奇の目に晒された。

ということは当時のやりとりを顧みると、実際には男が消えたタイミングはもっと早かったのかもしれない。

いや、そもそも男は存在していなくて、何もない空間に向かって独り芝居をしていた可能性もある。

何処か感覚的に狂っているのだろうか。

寺下さんは自分に自信が持てなくなっていた。


それからの一カ月は男の子のことを考えないようにして過ごした。

常に現実的であるように意識し、普通に生活している間に見かけた霊は認識しないようにして平静を心掛けていた。

そうした生活を続けていると、巷《ちまた》で見かけていた霊の数が減ってきているように思えた。

これが良いことなのかどうかは分からないが、今となっては気が触れないようにという保身だったように思える。

漸く落ち着いて物事の分別ができるようになったのは、更にひと月が経過した後だった。

霊に対しては自分は何もできない。

だから振り回されてはいけない。

同情したところで何も救えないし、変わらない。

驕《おご》った心があるのは、何処か選民意識が備わっていたからである。

この考え方を毎日のように反芻《はんすう》し、戒め続けた。


そして、ある休日の朝。

目が覚めると男の子の元へ向かおうという想いに駆られていた。

自分でも信じられない程穏やかな気持ちのまま、現地へと向かう。

少し離れた位置から男の子を確認すると、やはりガードレールの前で座り込んでいた。

考えた挙げ句、寺下さんはその場で様子を窺い始める。

ややもすると、男の子は寺下さんの姿に気付き、縋《すが》るような目つきでトコトコと近付いてきた。

それに反応するように、寺下さんも歩を進める。

ちょうど、現場から五メートルの境界ラインで二人は落ち合う。

こちら側に来ようと足掻く男の子に対し、勝手に言葉が零れた。

「もう大丈夫」

寺下さんは右手を前に差し出し、見えない壁に触れるような仕草を見せた。

――パリンッ！

繊細なガラス細工が割れるような音が響くと、目の前にキラキラとした光が舞った。

男の子もその光を目で追っているようだった。

間もなく、男の子の姿は徐々に薄れていき、そして最後に大きな輝きの中で完全に消えた。


「あのときの自分は、自分でないというか……」

自らが取った行動や発言の記憶はある。

しかし、それには意志というものが存在していなかった。

「一体、何に導かれて、そういう行動を取ったんでしょうねぇ。絶対に人智を越えた存在というものはあると思うんです」

現在の寺下さんは変わらずに、霊を目撃しているという。

ただ、あの男の子に対しての数々の後悔が、彼の行動を制限している。

下手な同情は全てに於いて優しいことではない。

そして、人とは違うということに溺れてはいけない、と。

凛《りん》とした姿勢で語る彼が、同じ間違いを繰り返すことはないだろう。

そしてこのお話を提供して頂いた理由を訊ねると、〈自分と同じような能力を持った人は、それなりにいると思っているから〉ということらしい。

その人達にとっての教訓の一つになれればいい、と優しい口調で語ってくれた。

恵庭の家の話（一）共存生活

（恵庭市柏木町）


藤木さんは恵庭市の賃貸一軒家で生活をしている。

家族構成は藤木さんと娘夫婦、孫、そして藤木さんの母親の五人住まいである。

以前からこの家で生活をしていて、気になっていたことがある。

藤木さんと娘家族の部屋は二階部分にあるのだが、夜間や就寝時に天井から異音が聞こえてくることが多々あった。

大きな物が落下したような音、何かを引き摺るような音、誰かが走り回る音と、バリエーションは豊富である。

ちなみにこの家の二階の上には物置代わりの屋根裏部屋がある。

天井の一部を開くと、スライド式の梯子が降りてくる。

そこを上ったところにある、十二畳程の打ちっ放しの板で囲まれた一室を物置部屋として利用していた。

更にその部屋の左右には簡易な扉が設置されていた。

そのどちらの扉を開けても、ブローイングが撒かれた普通の天井裏が存在するだけで部屋としての機能は果たしていない。

メンテナンスの為に備え付けられたものなのか、増改築をいずれする為のものだったのかは不明なままである。


藤木さんは引っ越してきた時点で、この部屋の存在は知っていた。ただ、あまり利用する気にはなれず、早々に不要な物を押し込み、ほぼ封印していた。

ある日、藤木さんの親族の女性が家に遊びにきた。

多少の霊感があるその女性は、突然、屋根裏部分に存在する異形のことを話しだす。

とても力が強いので、どうすることもできないと話し、塩や米などで自己流のお守りを作ると藤木さん家族に手渡した。

霊感などは持ち合わせていない藤木さんにすると理解できない話ではあるが、謎の異音の原因を考えると合点がいく部分もある。

自分の家に霊がいる、と考えると恐怖もあるが、急に引っ越しをするとなると現実的に無理がある。

それから藤木さん家族は、怪音などはやり過ごすようになった。

気にはなるのだが、気の所為にする。

そのような生活が数年間は続いた。


ある日の職場でのこと。

何の話からそういう話になったのかは、はっきりとは覚えていないが、仕事終わりの雑談で霊の話になる。

「そういえば、うちの家にも霊がいるらしいよ」

その言葉に、同僚の安田さんが食いついた。

興味津々で親族の話を聞き、ふーむと考える。

「大体のことは分かったけど、実際に現地で確認したいな……」

今現在の状況や話していないことまで、何故か安田さんは知っていた。

突き詰めると、安田さんにも霊感があり、その人を見るとある程度のことは理解でき、また大抵の霊なら排除できるという。

藤木さんは意味不明な力の話に唖然とし、これまでそのような素振りを見せたことがない安田さんに大層驚かされた。

また日を改めて、藤木さんの家を訪れることで、その日の話は終わった。

とある休日、藤木さんの家へ安田さんが訪れた。

安田さんは家に入るなり、各部屋を窺うようにして回る。

「ふんふん……」

独りで何かに納得するように安田さんは頷《うなず》く。

二階部分に差し掛かると、若干彼の表情が険しくなった。

「ほうほう……」

相変わらず何かを理解しているらしい。

「ちなみに、ここが屋根裏に上がるとこです」

安田さんは躊躇いもせずに稼働箇所を動かし、開口部を作る。

家の構造上、冷気は上から下へと流れ込んでくるのだが、一同はそれ以上の寒さを感じていた。

安田さんは意を決して梯子を登っていく。

その様子を、藤木さんと娘が下から覗き込んでいた。

屋根裏部屋に立った安田さんは辺りを窺う。

「こっちだな……」

親族の女性が話していた強い力の存在を安田さんも感じていた。

スマホを取り出し、一方のドアを開ける。

安田さんの目には雑多な霊が見えていたらしい。

その中でも、ボスらしき霊を撮影しようと彼は集中する。

視界の奥、屋根裏の壁の一部には、何故かくたびれた紙垂《しだ》が飾られていた。

スマホを構え、いつでも撮影ができるように身構える。

しかし彼はスマホを操作をしていないにも拘わらず、勝手に連写モードで撮影されまくっている。

そう思ったら、突然シャットダウンされ、再起動を余儀なくされる。

「くそう……」

想像の上を行っていたのか、彼の口から思わず言葉が漏れる。

屋根裏の様子が気になった藤木さんの娘は梯子を途中まで上り、安田さんの姿を追っていた。開かれた扉の向こう、真っ暗な闇の中に安田さんの背中が見える。

「撮れたろ、今！」

確信したような彼の言葉が聞こえたとき、藤木さんの娘も闇の中に何かを見ていた。

扉を閉めて、何かの術を施すような仕草をした安田さんはゆっくりと梯子を下りてきた。

「一応、撮影できたよ。でもまあ、アレには手を出さないほうがいいかな」

「さっき何かを見たんだけど……。何かってよく分かんないんだけど、変なのを見た」

「多分、見ちゃうよね。あれだけの存在だから……」


安田さんの話によると、ボスと思しき存在には手を出すべきではないという。

また雑多な存在はボスの力に惹かれるように集まってくるらしい。

ボス以外は排除できるが、どうせすぐに新しいものが集まってくるから無駄であると。

その辺を踏まえて、安田さんは提案をしてきた。

〈藤木家とボスの共存生活〉である。

天井裏を走り回る足音などは無視を決め込む。

その他の異音も無視をする。

お互いに居場所を侵害しない形が手っ取り早くて理想的であるという。

どのような方法であるのかは説明されなかったが、安田さんはボスと交渉をしたらしい。

「これでまあ、ひとまずは安心でしょう」と何かが落ち着いたような表情を見せた。

その後、音がし易い場所や何らかの現象が起き易い場所の説明もしてくれた。

天井裏から娘の部屋の半分くらいまでを経由し、藤木さんの部屋の三分の二を迂回する形でまた天井へと戻るのが霊の通り道となっている。

他に出易いのが浴室であるが、都度、邪魔なようであれば排除する約束をしてくれた。

藤木さんと娘の部屋には、手製のお守りも置かれた。

そうして、一通りの作業を終えた安田さんは帰っていった。


その日のこと。

眠りに就いた藤木さんの娘さんの部屋のテレビが、勝手に点いた。

驚いた旦那さんが慌てて消すも、また勝手に点いてしまう。

何度か繰り返した結果、コンセントを抜くという最終手段に出た。


日を改めて、その話を聞いた安田さんが確認の為に藤木家を訪れた。

しかし、特に問題はないという。

彼は娘の部屋を見渡しながら説明をする。

「ここからこんな感じで、霊の通り道〈霊道〉があるから、そこに被る電化製品とかは影響が出てもおかしくない。前回、屋根裏部屋に通じる天井を開けたから、更に影響が強まったんだね。他に影響が出易いものと言えば、例えばあのパチスロの機械とか……」

その話を聞いた旦那さんの顔色も変わる。

娘の部屋には古いパチスロの台があり、旦那さんが時折遊んでいるらしい。

天井に繋がる稼働部を開けた日に、実際にいきなり動きだしたという。


現在も藤木家はそこで生活をしている。

特に大きな問題は発生していない様子から、共存生活はうまくいっているものと思える。

安田さんが定期的に訪れているので、その都度、何かの処置を行っているのかもしれない。

ただ、その内容は教えてはもらえない。

これは恵庭市の普通の住宅街でのお話である。


……と、この話に出てきた安田さんが撮影した画像は七枚程あった。そしてこのお話の途中で、その画像を使用させて頂く予定だったのだが、何故かデータファイルから全てがなくなってしまっていた。私が間違って消した筈はない。

そうは思いつつ、改めて画像を頂こうと藤木さん経由で安田さんに話を通してもらった。

しかし、安田さんのほうでも全ての画像が消え失せてしまっていた。

恵庭の家の話（二）防音工事

（恵庭市柏木町）


〈共存生活〉というお話で登場した藤木家。

それから多少の変化が起きているというので、改めて取材をさせてもらうことになった。

このお話を書くに当たって、因果関係があるのかもしれない話を一応明記させて頂く。

前著『蝦夷忌譚 北怪導』の中で〈アパートの変化〉というタイトルで登場したアパートと藤木家は、直線距離にして百メートルも離れてはいない。

そしてこの二つのお話は、ほぼ同じ時間軸上にある。

それを踏まえた上で、続きを語らせて頂こう。


霊との共存生活が始まっていた藤木家。

その頃は、特に大きな問題もなく生活をしていた。

そんな矢先に、自衛隊の演習に絡む家の防音工事が始まった。

本当は前年に工事が行われる予定であったが、業者の数が足りずに先延ばしにされ、突然工事の順番が回ってきたということである。

予算の関係もあるのだろう、外壁、屋根、窓を新しくするのが基本で、一部の部屋のクロス張り替えや、エアコン取り付けが工事内容となっていた。

工事期間は別な住居が与えられる訳ではないので、家の中を荷物やら人が大移動することとなる。

なかなかの日数が掛かり、不便な生活を強いられた。

そんな中、気になることがあった。

藤木さんの部屋の天井と娘夫婦の部屋の天井が、工事の為に外されてしまう。

所謂、共存生活で結ばれた〈お互いの領域を侵害しない〉という約束が反故にされたのでは、という心配が生まれたのだ。

それでも工事が終了するまではどうしようもない。

藤木家は心細い生活を送ることになった。

約三カ月後、工事は無事に完了した。

新しくなった部屋は気持ちの良いものがある。

多少の模様替えも含めて、その面では快適な生活を送っていた。

その一方、やはり霊の活動は活発化していた。

物音や気配は増していた。

しかし、人間とは慣れていくもので、霊に対して一番怖がっていた娘の旦那が「またか」で済ませるようになっていた。

そんな中、娘夫婦の間に、新しい命が生まれた。

藤木家の住人がまた一人増えたことになる。

「赤子は霊の姿を見ることができる」

そのような話をよく聞くが、実際にその子は屢々《しばしば》何もない空間を見つめていた。

時に笑い、時には恐怖を感じたかのように酷い泣き方をするようになっていた。

先の話に登場した安田さんも時折訪れては、処理をし続けてはいるようだが、対症療法しかないらしい。

絶対にボスに逆らう訳にはいかない。

そしてやはり、防音工事が藤木家と霊との関係を少し壊す要因になったらしい。

更に〈アパートの変化〉で書かれている新築住宅の工事も関係があるという。

「まあ、土地神を怒らせることしてるんですよ。で、霊道も変わってしまった」

〈アパートの変化〉で起きた悲惨な内容は、土地神と霊道の複合的要因だと安田さんは断言する。

そして、筆者である私もこのお話に登場させて頂く。

藤木さんから安田さんと縁が結ばれ、先の話の画像を頂いた。

そして件の説明の通りに、画像は消滅してしまった。

「何とか私もその場に立たせてもらえないだろうか」

その願いは聞き入れられ、実際に私が撮影した画像がこちらになる。

撮影途中、やはり私のカメラも突然連写モードに変わったり、シャッターが切れないことがあった。

フラッシュが焚かれている為、画像では明るく見えるが、実際には真っ暗な空間である。

目視でもオーブと思われる光を確認したが、画像としては残すことができなかった。

その中で一枚だけ、謎の撮影画像があった。これは印刷ミスではない。真っ白なのだ。

他はうっすらとした靄や、ブレた画像である。

皆様には何かが見えただろうか。

防音工事により、ブローイングが増えているが、建物上、特に大きな変化はない。

そして、藤木家の中での霊的現象の変化についても説明させて頂こう。

家族が団らんする中、その中央部分でフラッシュのような強烈な光が発せられる。

しかしその現象は、娘の旦那しか気付いていない。

皆には何かの見間違いと言われるが、「そんな光を見間違える訳がない」というのが彼の言い分である。

また、メロディーの出る子供の玩具が、誰も触ってもいないのに突然音を出す。

その音も、聞こえる人と聞こえない人に分かれてしまう。

天井裏からの足音や騒音は日常事になってしまい、藤木家の感覚はかなり麻痺してきている。

どうやら今後も藤木家の変化を伝えることになりそうだと思っている。

恵庭の家の話（三）　閃光

（恵庭市柏木町）


前回のお話から二カ月が過ぎた頃、藤木家では再び霊的事象が発生していた。

その状況を取材できたので、新たに御報告させて頂く。

また、藤木家と安田さんの関係にも変化がある。

藤木さんと安田さんの交際が始まり、安田さんの休みの際には一緒に過ごすようになっていたのだ。

それではお話に入らせて頂く。


ある日の夕食に、家族で焼肉を食べていた。

皆がテーブルを囲んでホットプレートの上の肉を突《つつ》いていると、安田さんがあることに気付いた。

「直径五センチくらいの結構強めの白い光が、天井付近にあったんですよ」

その光はゆらゆらと揺れながら、ゆっくりと落下していた。

（これは何だろう？）

光を目で追い続けていく。

ややもするとその光はリビング壁面の下側にまで移動していた。

ちょうど、コンセント部に差し掛かった瞬間、パシッという音とともに黒い煙が上がった。

そこで藤木家一同は、何らかの異変が起きていることに気付かされた。

「ホットプレートに繋げる延長コードをそこから取っていたんです」

ショートした配線は見事に焼き切れ、コンセント部も焦げる。

その画像からも何かを感じ取れる人がいる可能性があるので、ここに紹介させて頂く。

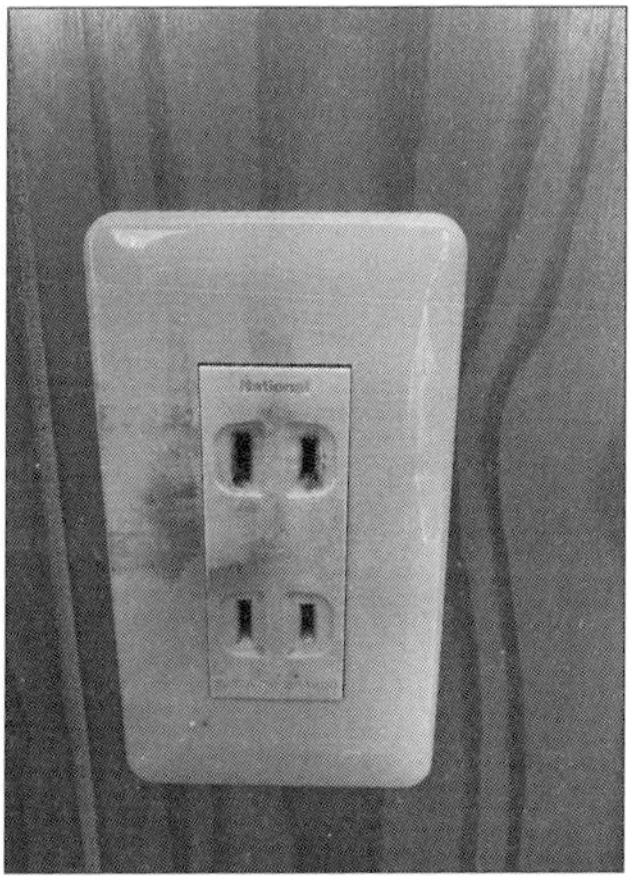

それまでにもそのコンセントは使い続けていた。

このようなショートが起きたことは一度もない。

ただ、その後も放置しておくのは不安であるので、翌日に電気工事士の判断を仰ぐことにした。

――異常はありません。

コンセントは現在も普通に使える状態であり、他の配線部分への影響もないという。

安田さんの目撃した光についての説明を受けて、藤木家の誰もがそれが原因であると認識するのだが、対処法が分からない。

実を言うと安田さんとしても、そのような現象に遭遇したのは初めてだったという。

ただ、頻繁に起きるようなものとは到底思えず、様子見で大丈夫だと判断された。

藤木家での怪音などは別段収まってはいない。

このような新たな事態を記していくことで、何かの回答に辿り着けることを願っている。

恵庭の家の話（四）藤木家の浴室（恵庭市柏木町）

前のお話から半年以上が過ぎていた藤木家。

最近では怪音の頻度は減っているように感じていた。

ただ、浴室の気配や視線を感じることは多々あったという。

特に娘夫婦は浴室でのことには敏感で、この辺でどういった印象を受けたかということは安田さんに頻繁に報告されていた。

「まあ、何度排除しても、新しい奴が来ちゃうんだよね」

彼の話によると、どうやら基本は覗きが目的の霊が集まってくるらしい。

実害はないのかもしれないが、それを知ることで、ある意味では生理的な不快も味わうことになった。

気配を感じては除霊、ということが繰り返されていたある日。

職場にいた安田さんに、娘の旦那からラインが送られてきた。

一枚の画像だけが送られてきたのである。

まずはその画像を御覧頂きたい。

「何か感じた？」

「風呂のお湯抜きに行ったらレオがいて、後ろ振り返ったら誰か見てると思って写真撮った。鏡越しに小さい何かがいる気がする」


レオというのは飼い猫であるが、確かに鏡の中に妙な存在が映っている。

安田さんの回答もあるのだが、ここでは敢えて伏せておく。

読者の皆様がその存在に気付くことも、怪談の醍醐味《だいごみ》にして頂きたいからである。

情報の補足としては、いつもの覗きが目的の存在ではないということ。

また、撮影者である娘の旦那や飼い猫が位置関係的に映り込むことはあり得ない。

その存在は鏡の前に現れていなければならないのだが、御覧の通り、画像的にはそこには何も映ってはいないのである。


このように藤木家では、怪異がある意味日常的に起き続けている。

今後も何かしらのことがあるのだろうが、それは別の機会の場で随時発表していきたいと思っている。

あとがき

今回のあとがきは、いつもとは違うものになっております。

二つの画像を見比べて頂き、その違和感を読者の皆様に考えて頂きたいのです。

こちらの画像は例の藤木家の屋根裏のものです。

多少アングルは違いますが、同じ場所で撮られたものだということは屋根裏の構造からお分かりになると思います。

正直な話をしますと、私がこの画像を見たときには霊の姿やオーブなどばかりを探すことに気を取られていた為、違和感には全く気付けませんでした。

本著の執筆に当たり、雰囲気や現象を伝える為に画像を使用したいことを編集の加藤さんに伝えておりました。

集まった画像の全てを加藤さんに渡し、どこでどの画像を使用するべきなのかを相談していたのです。

「あと、気になってる点が幾つか」

加藤さんはこの言葉の後に、色々な場所について質問してきました。

冷静な加藤さんは数々の違和感に気付いていたのです。
そして二枚の写真に潜む、多くの矛盾点を挙げました。
それらを解答編として、最後に紹介させて頂きます。

写真A

写真B

※解答編

◎左から七本目の柱下方↓**A**染みはない　**B**（一）の黒い染みがある

◎左から七本目の柱上方↓**A**節はない　**B**三箇所ほど節がある

◎左から六本目の柱↓**A**節はない　**B**節はある

◎左から六本目の柱↓**A**紙垂がある　**B**紙垂がない

◎左から六本目の柱↓**A**紙垂の下に（一）の黒い染みがある

◎左から五本目の柱↓**A**赤い染み、剥がし痕はない　**B**赤い染み、貼付物を剥がしたような痕がある

◎左から五本目の柱↓**A**二つある黒い染みの上部のものが若干流れている　**B**二つある黒い染みの上部のものは明確で流れていない

◎左から四本目の柱↓**A**染みはない　**B**水滴又は西瓜の種模様の黒い染みがある。突起は下向き

◎左から四本目の柱の上方↓**A**壁板の木目らしきものと柱の汚れがシームレスに繋がっている　**B**壁板の木目らしきものと柱の汚れがシームレスに繋がっているが、汚れ方と木目が異なる

◎左から三本目の柱↓**A**水滴又は西瓜の種模様の黒い染みがある。突起は上向き　**B**染

みはない
◎柱三本目と四本目の間の板壁↓A上下に二つ節がある　B節はない
◎柱四本目と五本目の間の板壁上方↓A染みはない　B漏水染みがある
◎柱五本目と六本目の間の板壁↓A上下に二つ節がある　B節はない
◎柱六本目の右側の板壁↓外から打った釘が壁抜けしてはみ出している　B釘痕なし
◎柱三本目から七本目までの板壁↓ABそれぞれの木目が異なる
◎画像左屋根裏板↓ABそれぞれの木目が異なる
◎画像左グレーの根太↓A漏水染みがある　B塗装が剥げている

以上が挙げられます。
賢明なる読者の皆様は、他の箇所までお気付きになるかもしれません。
どうぞ皆様に多くの怪が溢れますように……。

二〇二一年　春　服部義史

実話怪奇録 北の闇から

2021年4月5日　初版第1刷発行

著　服部義史

装丁　橋元浩明（sowhat.Inc）
発行人　後藤明信
発行所　株式会社　竹書房
〒102-0072　東京都千代田区飯田橋2-7-3
電話03-3264-1576（代表）
電話03-3234-6301（編集）
http://www.takeshobo.co.jp
印刷所　中央精版印刷株式会社

定価はカバーに表示しています。
落丁・乱丁本は当社までお問い合わせ下さい。

ISBN978-4-8019-2592-2 C0193